the boundary between a mask and a persona

마스크와 가면의 경계

저자 강준의

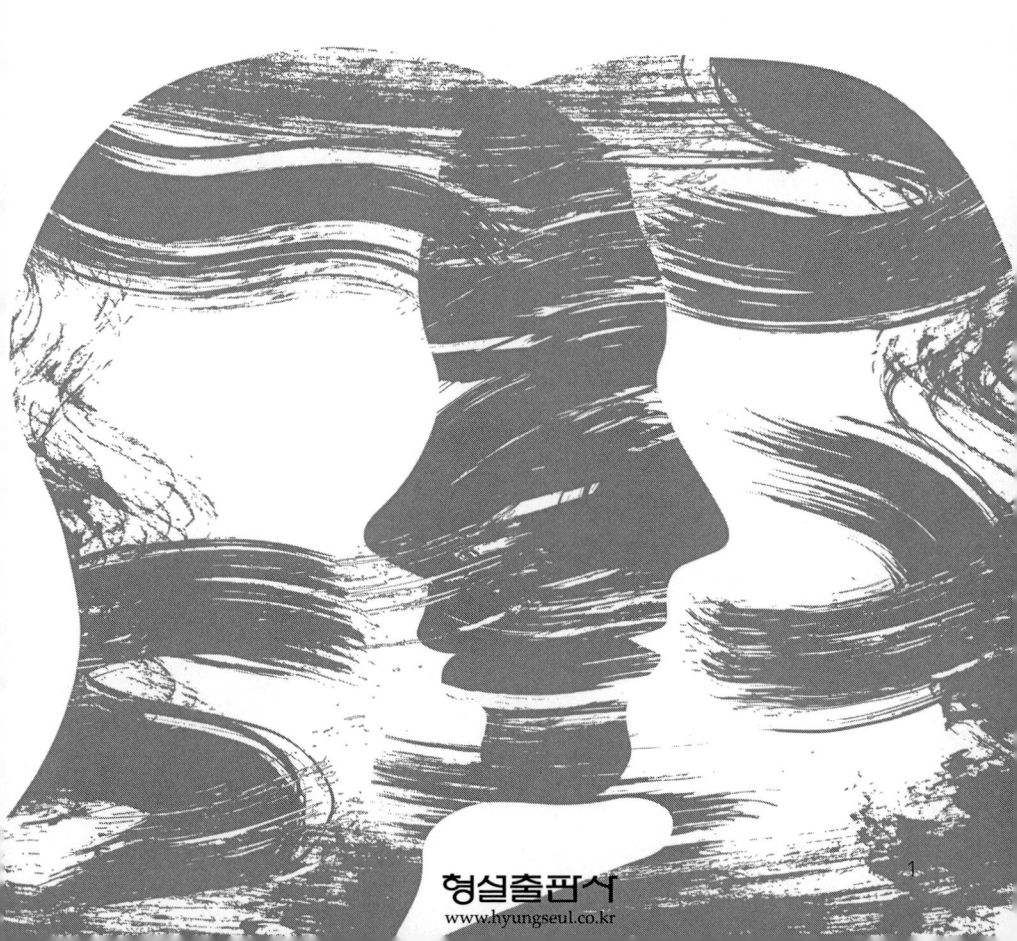

형설출판사
www.hyungseul.co.kr

　인생을 되돌아본다는 것은 단순히 지나온 사건들을 회상하는 일
이 아닙니다. 그것은 곧 인간 존재의 의미를 탐구하고, 시간 속에서
형성된 자아의 궤적을 성찰하는 사유의 과정입니다. 저 또한 오랜
세월을 걸어오며 깨달았습니다. 삶이란 기쁨과 슬픔, 기대와 아쉬움
이 교차하는 장(場)이며, 그 안에서 인간은 끊임없이 자기 자신과 세
계를 마주하는 존재라는 사실을. 때로는 견디기 힘든 고통이 있었
고, 또 때로는 벅찬 환희가 있었습니다. 그러나 그 모든 경험 속에서
분명해진 것은, 인생에는 정해진 정도(正道)가 없다는 진리였습니다.
삶의 길은 주어진 것이 아니라, 각자가 부딪히고 배우며, 넘어지고
다시 일어서며 새롭게 구성해 가는 과정입니다.

　그 여정 속에서 저는 마스크와 가면의 문제를 외면할 수 없었습
니다. 타인의 시선 앞에서 자신을 온전히 드러내기 어려운 불안, 부
끄러움을 가리기 위한 위선, 그리고 관계 속에서 요구되는 사회적
역할. 그것은 인간 실존의 불가피한 조건이자, 동시에 우리를 속박
하는 굴레이기도 합니다. 그러나 성숙이란 바로 그 가면을 의식적으
로 내려놓고, 비로소 있는 그대로의 자신으로 세계 앞에 서는 용기

에서 비롯됩니다.

　연륜이란 단순히 세월이 남긴 흔적이 아닙니다. 그것은 타자와의 관계 속에서 얻어진 성찰이며, 삶의 반복 속에서 체화된 지혜입니다. 진정한 어른은 나이의 축적에 머무는 이가 아니라, 끊임없이 자기 성찰을 이어가며, 배움을 멈추지 않는 존재입니다. 나이가 존경을 보장하지 않듯, 존경은 오직 성찰과 겸허함을 통해서만 획득됩니다.

　이 수필집 『마스크와 가면의 경계』는 단순한 회고록이 아닙니다. 그것은 인간 실존의 양면성을 드러내는 기록이며, 동시에 앞으로의 삶에 대한 철학적 다짐입니다. 여기에는 제가 만난 사람들, 경험한 사건들, 그리고 그 안에서 건져 올린 사유의 파편들이 담겨 있습니다. 그것은 사적인 경험을 넘어, 인간 누구나 공감할 수 있는 보편적 성찰의 자리로 나아가고자 한 시도입니다.

　바라건대 이 책이 독자들에게 삶을 다시 사유하게 하는 매개가 되기를 소망합니다. 일상의 사소한 경험 속에서도 인간의 본질을 성찰할 수 있다는 사실을 환기하고, 서로를 존중하며 귀 기울이는 태도가 곧 인간다운 삶의 토대임을 다시금 일깨우기를 바랍니다. 벗들에게는 함께 걸어온 길을 성찰하는 위로가, 젊은 후배들에게는 삶의 방향을 모색하는 철학적 등불이 되기를 희망합니다.

　끝으로, 이 글을 집필하는 과정에서 저 자신 또한 다시 배우고, 다시 겸허해질 수 있었습니다. 철학이란 거창한 담론이 아니라, 매일의 삶을 성찰하는 데서 비롯된다는 사실을 확인하였습니다. 만약 이 책이 독자 여러분께 그러한 깨달음을 나누는 자리가 된다면, 그것이야말로 제가 바라는 가장 큰 기쁨일 것입니다.

　이제 저는 오래 지니고 있던 가면을 내려놓고, 인간 본연의 불완전한 모습 그대로 독자 앞에 서고자 합니다. 『마스크와 가면의 경계』는 그 결심의 산물이며, 또한 다시 시작하는 저의 여정이기도 합니다.

2025. 11 강준의

차례

1부: 존재와 자아

2부: 말, 관계 그리고 품격

3부: 세상과 삶

1부
존재와 자아

1. 우리는 반드시 죽는다.

    '메멘토 모리(Memento Mori)' "너는 반드시 죽는다는 것을 기억하라." 이 짧지만 묵직한 라틴어 문장은 2천여 년 전 고대 로마의 개선식(凱旋式)에서 유래했다. 개선식은 전쟁에서 찬란한 승리를 거둔 장군에게 주어지는 최고의 영예다. 백마 네 마리가 끄는 웅장한 전차를 타고 로마 시가지를 누비는 퍼레이드 전차 위의 장군은 영광의 정점에 선 인물로, 시민들의 환호와 박수를 받으며 마치 신과 같은 존재로 추앙받았다. 황금빛 월계관을 쓰고, 황제보다 더 위풍당당하게 거리를 지나던 그 모습은 인간이 누릴 수 있는 최고의 영예였다. 그러나 그 화려함의 뒤편에는 조용하지만 작지 않은 진실이 함께했다. 장군의 뒤에는 조용히 서 있는 한 인물이 있었다. 그는 승리의 흥분과 환호 속에서 끊임없이 외쳤다.

    "메멘토 모리! 메멘토 모리!" 그 외침은 단순한 반복이 아니었다. 그것은 찬란한 승리의 열기 속에 들리는, 차갑고 엄숙한 경고였다. "당신은 지금 이 순간 영웅일지 몰라도 , 결국 죽을 운명을 지닌 인간이다. 교만하지 말라. 스스로를 신으로 착각하지 말라." 이 말은 단지 한 영웅을 향한 충고에 그치지 않았다. 그것은 모든 사람을 향한, 존재의 본질을 일깨우는 메시지였다. 영광의 정점에 선 자에게조차 삶의 끝이 있다는 사실을 상기시키며, 우리가 누구인지, 어디에 서 있는지를 되돌아보게 하는 하늘의 목소리였다. 살다 보면 우리도 가끔 '내가 대단한 사람'이라는 착각에 빠진다. 목표를 달성했을 때, 타인의 인정을 받을 때, 혹은 누군가의 존경 어린 시선을 마주할 때, 우리는 자기도 모르게 스스로를 높인다. "나는 특별해." "나는 남들과 다르다."는 생각이 자라난다. 그 순간은 달콤하고 짜릿하다. 그러나 바로 그때, 속삭이듯 들려야 할 말이 있다. "메멘토 모리." 자만은 인간을 무너지게 하는 가장 교묘한 유혹이다 높은 곳에 오를수록 발아래의 균열은 더 잘 보이지 않는다. 우리는 종종 성취 앞에서 교만하고, 실패 앞에서 무기력해진다. 완전함을 향해 달리고, 더 많은 것을 이루기 위해 자신을 몰아세운다. 그러나 인간의 삶은 누구에게나 유한하다는 것을 가슴에 묻고 살자.

시작이 있는 것에는 반드시 끝이 있다. 이 단순한 진리를 받아들이는 사람만이 진정한 자유를 누릴 수 있다. 완벽하지 않아도 괜찮다. 지금 이 순간 살아 숨 쉬고 있음에 감사하고, 주어진 하루를 충실히 살아가는 것. 그것이야말로 삶의 중심을 잡는 지혜다.

넉넉하지 않지만 부족하지 않다는 사실을 자각하자. 지금 내가 가진 오늘은 결코 하찮지 않다. 삶의 가치란 거창한 성취나 외적 화려함에 있지 않다. 오히려 유한함을 아는 사람이야말로 순간을 소중히 여기고, 삶을 더 깊이 사랑할 수 있다. "완전함"은 어쩌면 도달할 수 없는 신기루일 수 있다. 그러나 "자족"은 오늘을 충만하게 살아가게 하는 현실적인 미덕이다. 삶의 균형은 완벽한 상태가 아니라, 주어진 것에 만족하고 충실히 살아가는 데서 비롯된다.

오늘 마음으로 '메멘토 모리'의 음성을 들어보라. 그리고 스스로에게 이렇게 말하자. "그래서 나는 오늘, 더욱 겸손하고 가치 있는 삶을 살아가야겠다."

우리는 아무도 죽음을 피할 수 없으며, 한정된 시간 속에 존재한다는 것을 기억하고 산다면 살아온 날들보다 남겨진 시간을 더 아름답고 행복하게 지낼 수 있을 것이다. 살아온 날들보다 남겨진 날들을 위해 욕심의 무게를 줄이면, 닳아 힘든 관절도 한결 가볍게 지탱할 수 있을 것 같은 생각이 든다. 그래서 메멘토 모리를 기억하고 살자.

2. 나를 삼킨 나

어느 날 문득, 내 자신이 버겁게 느껴질 때가 있다.

스스로를 특별한 존재라 여기고, 타인의 시선 속에서만 자신을 확인하려는 습성이 얼굴을 내밀 때, 나는 마치 나 자신이라는 무게에 눌려 숨이 막힐 것만 같다. 그건 어쩌면 내 안의 '과한 자기애'와 '미묘한 망상'이 자라난 결과일지도 모른다.

고대 그리스 신화에 등장하는 아름다운 청년 나르키소스는, 한순간 물에 비친 자신의 모습에 매료되어 그 자리에서 눈을 떼지 못한 채 스스로를 사랑하다가 결국 생을 마감한다. 그는 결국 꽃이 되었고, 그의 이름은 오늘날 '나르시시즘(Narcissism)'이라는 단어로 남아, 과도한 자기애의 상징이 되었다.

이 신화는 단순한 비극 이상의 이야기를 품고 있다. 그것은 자아에 취한 인간이 결국 자신에게 삼켜지는 서사이며, 누구나 빠질 수 있는 마음속의 늪이다. 나르시시즘은 현실 속 자아보다 이상화된 자아를 더 진짜라고 믿게 만든다. 자신이 비범한 존재이며, 누구보다 우월하고 특별하다고 여기는 순간, 인간은 본래의 자신을 점점 잃어간다. 그 허상은 점점 자라 현실을 삼키고, 주변의 모든 관계마저 왜곡시키고 만다. 이와 함께 오늘날에는 '관심병'이라는 새로운 형태의 자기애가 출현했다. 타인의 이목을 갈구하는 사람들은 때로 기이하고 과도한 언행으로 관심을 받으려 한다. 진정한 자존감이 아닌, 외부의 반응을 통해 자신을 증명하고자 하는 이 안타까운 욕망은 결국 공허함만을 남긴다. 빛나고 싶어 애쓸수록, 오히려 내면은 그림자에 잠긴다. 노자는 "그릇이 가득 차면 더는 그릇 역할을 하지 못한다."고 했다. 비어 있을 때, 여백이 존재할 때 비로소 그릇은 그 본래의 가치를 발한다. 겉으로는 가득 찬 것처럼 보여도, 내면이 텅 빈 채 허세로 채워진 삶은 결국 어느 순간 균열을 드러낸다.

허(虛)는 단순한 공백이 아니다. 그것은 더 나아가고, 더 깊어지기 위한 가능성의 공간이다.

중국 수나라의 『지학』에서는 인생의 성패, 평범과 비범의 갈림길은 '멈춤(止)'이라는 한 글자에 달려 있다고 했다. 무엇을 멈추어야 하는지, 언제 그쳐야 하는지를 아는 사람은 삶의 속도와 방향을 동시에 조율할 수 있다. 욕망의 끝없는 추격전을 멈추고, 나를 증명하려는 강박에서 잠시 벗어나는 순간, 비로소 진짜 나와 마주할 수 있다. 겸손하되 비굴하지 말고, 관조하되 냉소하지 말며, 빛나되 눈부시지 말고, 채우되 넘치지 말며, 검소하되 누추하지 않고, 당당하되 자만하지 않아야 한다. 이 문장은 마치 삶의 균형을 맞추는 저울처럼, 우리 스스로를 다스릴 수 있는 지침이 되어 준다. 진짜 앎이란 소리 없이 깊어지는 것이고, 진정한 자존은 조용한 자신감에서 비롯된다. 삶은 때로 '모자람'을 통해 더 넉넉해질 수 있다. 무언가가 부족하기에 우리는 그것을 향해 나아가고, 그 과정을 통해 성장한다. 너무 가득 찬 그릇은 넘칠 걱정에 자유롭지 못하다. 오히려 적당히 비워진 마음은 더 많은 것을 담을 준비가 되어 있는 법이다. '과유불급(過猶不及)'이라는 말처럼, 지나침은 부족함만 못하다.

가득함은 만족이 아닌 불안을 낳고, 넘침은 풍요가 아닌 고립을 만든다.

자신을 드러내고자 지나치게 애쓰는 삶보다는, 있는 그대로의 나를 인정하며 조금 비워둘 줄 아는 삶이 더 단단하다. 자신에게 너그러울 줄 아는 사람은 타인에게도 관대하며, 진정한 관계를 만들어간다. 나는 나를 사랑하지만, 내가 절대적으로 옳다고 생각지 않는다.

그 경계 위에서 나는 늘 나를 돌아본다. 내가 지금 바라는 것이 허상인지, 아니면 진짜 가치인지를 묻는다. 오늘도 내 안의 목소리를 듣는다. "멈춰라, 그리고 침묵해라." 그리고 비로소 나를 제대로 볼 수 있을 것이다.

3. 나는 "오노다 히로오"가 아니고 싶다.

우리는 누구나 지금보다 더 나은 삶을 꿈꾸며 발전과 성장을 지향한다. 그러나 삶의 길목마다 마주치는 새로운 환경은 우리의 신념에 도전을 던지기도 하고, 때로는 낡은 신념이 발목을 붙잡기도 한다. 오래된 믿음일수록 굳건해 보이지만, 그것이 현실과 어긋난다면 오히려 족쇄가 되고 걸림돌이 된다. 무엇이 옳고 그른지 선택해야 하는 순간마다 어떤 태도로 결정을 내리는가는 곧 삶의 무게를 결정하는 문제다. 특히 교육과 학습에 관한 신념은 종종 편견과 오해로 얼룩져 있다. 이는 지혜로운 성장을 가로막는 장벽이 되곤 한다.

과학과 문명이 눈부시게 발전하면서 우리의 사고와 생활방식은 끊임없이 변화해 왔다. 컴퓨터와 인공지능은 새로운 가능성을 열어주었지만, 동시에 우리에게 낯선 질문과 불안을 던진다. AI는 혁신적 도구일 수 있으나, 편향된 데이터와 알고리즘은 불평등을 재생산하기도 한다.

그래서 인간에게 필요한 것은 맹목적 수용이 아니라, 분별과 성찰을 바탕으로 한 '선택적 수용'이다. 균형 잡힌 비판적 사고만이 편견과 왜곡된 신념의 덫을 벗어나는 길이다.

철학자 플라톤은 "알지도 못하면서 안다고 믿는 것이 가장 위험하다."고 했다.

무지는 배움으로 극복할 수 있지만, 잘못된 신념이 굳어져 자만심이 되면 그 결과는 때로 치명적이다. 지난 기억 속에 기록된 작은 인물의 행적이 가슴에 크게 와 닿는다.

1944년 12월, 제2차 세계대전의 막바지 일본군 중위 오노다 히로오는 필리핀 루방섬에 파견되었다. 전쟁이 끝난 뒤에도 그는 정글 속에 숨어 무려 29년 동안 전쟁이 끝나지 않았다고 믿으며 게릴라전을 이어갔다. 일본 정부가 이미 그를 사망자로 처리한 뒤에도 그는 "전쟁은 아직 끝나지 않았다."는 확신 속에서 살아남았다. 1974년, 옛 상관이 직접 전한 항복 명령서를 받고서야 비로소 투항했을 때 그의 나이는 쉰둘이었다. 그의 고집스러운 신념은 허망한 것이었지만, 그로 인해 루방섬 주민들은 희생을 치렀고 그는 인생의 황금기를 정글의 그림자 속에 묻어야 했다. 함께했던 동료 고즈카는 훗날 이렇게 고백했다.

"우리는 너무 많은 고정관념 속에 빠져 있었기에, 우리 믿음과 맞지 않는 것은 그 무엇도 받아들일 수 없었다." 오노다의 집착은 단순한 신념을 넘어 현실을 부정하는 망상이었고 그 끝은 비극이었다. 그의 이야기는 신념이 때로는 현실을 왜곡하는 색안경이 될 수 있음을 잘 보여 준다. 종교든, 사상이든, 이념이든 신념이 잘못된 방향으로 굳어지면 우리는 세상을 있는 그대로 바라보지 못한다. 무엇이 옳고 무엇이 상식적인지도 분별하지 못한 채 자기 확신의 감옥 속에 갇히게 된다. 잘못된 신념은 결국 개인을 파괴하고 공동체마저 병들게 만든다.

그래서 우리는 끊임없이 배우고, 현실을 직시해야 한다. 학습은 성장과 변화의, 숨결이며 편견과 오해를 극복하고 교육의 본래 가치를 회복하는 길이다.

신념과 이념은 세상을 지탱하는 힘이지만, 그것이 진실과 분리될 때는 위험한 덫이 된다.

패잔병 오노다 히로오의 이야기가 전하는 교훈은 단순하다. 우리는 왜곡된 신념에 사로잡혀 현실을 외면하지 말아야 한다는 것이다. 진실을 바로 보며 살아갈 때 비로소 인생은 헛되지 않고, 우리의 걸음은 어둠이 아닌 빛을 향하게 된다.

4. 내 마음조차 틀에 가두고 산다.

나는 가끔 내 자신이 무척이나 편협하고 이기적인 사람이라는 생각이 든다. 무엇이 옳고, 그른지 명확히 판단하고 있다고 있지만, 정작 그 기준은 대부분 나 자신에게만 유리하게 기울어져 있는 경우가 많다. 내 생각이 곧 상식이며, 내 기준이 정답이라는 착각 속에서, 나는 얼마나 많은 사람들을 내 마음의 틀에 억지로 끼워 넣고 살았는지 돌이켜 보면, 고대 그리스 신화 속, 아티카라는 지역에 살았던 '프로크루테스'의 행동이 떠오른다.

그는 여행객들을 위한 숙소를 운영하며, 겉으로는 친절하고 환대하는 인물로 살았다.

그러나 밤이 깊어지면 그의 진짜 모습이 드러났다. 그는 여행객들을 침대에 묶어놓고, 침대의 길이에 맞춰 그들의 몸을 '조정'했다. 키가 크면 남는 부분을 자르고, 키가 작으면 억지로 몸을 늘렸다. 그에게는 정답이 단 하나였고, 그 정답은 곧 '자신의 기준'이었다.

침대에 '딱 맞는 사람'이 살아남았을 것이라고? 그는 절대 그런 공정함조차 허용하지 않았다.

키가 큰 사람에게는 일부러 작은 침대를, 키가 작은 사람에게는 큰 침대를 제공함으로써, 무조건적으로 타인을 '자신이 정한 틀'에 맞추려 했다. 그 결과 수많은 무고한 이들이 그 기준에 의해 희생당했고, 결국 그는 자신이 만든 그 침대 위에서 자신이 저질렀던 방식 그대로 최후를 맞았다. 이 이야기는 단지 잔혹한 신화적 서사가 아니다. '프로크루테스의 침대'는 오늘날에도 강력한 은유로 남아 있다. 자신의 틀과 기준을 절대화하고, 그 틀에 타인을 끼워 넣으려는 억압의 상징이다. 이 이야기가 생각날 때면 스스로를 돌아보게 된다.

나 또한 말로는 '존중'과 '이해'를 외치면서도 실제로는 내 마음속 침대에 타인을 눕히려 한 적은 없었을까? 내가 옳다고 믿는 방식으로만 관계를 맺고, 내 시선에서만 세상을 바라보며, 다름을 틀림으로 치부하진 않았을까? 그 침대는 물리적인 것이 아니라, 사고방식이라는 이름의 보이지 않는 틀이었는지도 모른다. 어느 순간, 타인의 입장에서 보면 부끄럽고 명분 없는 행동이 정작 내겐 그다지 문제로 느껴지지 않을 때, 문득 의문을 품는다.

나는 지금, 정말 양심을 따라 살고 있는가? 아니면 내 속에서 만들어낸 '기준의 폭력'에 무감각해진 채 타인에게 상처를 주고 살지는 않는지? 노자의 말처럼, "자신을 아는 자가 지혜롭고, 자신을 이기는 자가 강하다." 이 말은 단지 덕목의 차원을 넘어서, 일상의 겸손과 성찰로 이어져야 한다. 내가 가진 틀을 내려놓을 수 있을 때 비로소 다른 사람과의 진정한 소통과 이해가 가능하다. 내 안의 잘못된 틀이 깨질 때 비로소 우리는 사람을 사람으로 볼 수 있다.

모두가 같은 길이의 침대에 누워야 할 이유는 없다. 모두 다르고, 다른 모습으로 살아가는 것이야말로 삶의 진실이다. 분명한 건, 지금 내가 누리는 이 모든 시간과 조건은 결코 영원하지 않다는 것이다.

오늘의 내 자존심과 확신도 내일이면 오류로 드러날 수 있다. 프로크루테스가 그랬듯, 나 또한 언제든 스스로 만든 틀에 갇혀 허물어질 수 있다. 그래서 나의 편협 된 틀에 스스로 가두지 않도록 자신을 돌아봐야 할 이유이다.

나를 절대화하지 말고, 내 기준을 보편의 진리인 양 착각하지 말고, 타인의 다름을 틀림으로 규정하지 말고. 진정으로 성숙한 삶은 내 침대를 버리는 데서 시작될지도 모른다는 생각으로 지금껏 지내온 그 편협 되고 고집스러운 침대 위에서 내려와야 할 때다.

5. 생각의 깊이만큼 자유 할 수 있다.

생각의 깊이만큼 자유 할 수 있다. 사람은 누구나 자유를 갈망한다. 그러나 그 자유는 단순히 외부의 억압이 없는 상태만을 의미하지 않는다. 진정한 자유는 외적인 환경이 아니라, 오히려 내면에서 비롯된다. 물리적으로 얽매이지 않는 상태라고 해서, 마음까지 자유로운 것은 아니다. 마음이 욕망에 끌리고 감정에 휘둘리는 한, 그 어떤 자유도 온전히 누릴 수 없다.

생각이 얕으면 우리는 작은 유혹에도 쉽게 흔들리고, 순간적인 감정에 이끌려 방향을 잃기 쉽다. 외부의 자극에 즉각적으로 반응하는 삶은 마치 바람에 나부끼는 깃발과 같다. 스스로 어디로 가고 있는지조차 모른 채, 상황에 따라 휘둘리는 것이다. 그러나 생각이 깊어질수록 우리는 더 넓은 시야를 갖게 되고, 더 단단하고 일관된 선택을 할 수 있다. 깊은 사고는 마치 나무의 뿌리와 같다. 겉으로는 보이지 않지만, 그 뿌리가 깊고 단단할수록 나무는 거센 바람에도 쓰러지지 않는다. 반대로 뿌리가 얕으면, 조금의 바람에도 뽑히고 만다. 사람의 마음과 생각도 이와 같다.

깊이 있는 사유는 자유를 가능하게 한다. 타인의 말이나 사회의 흐름에 무작정 휩쓸리지 않고, 스스로의 기준과 신념에 따라 생각하고 행동할 수 있기 때문이다. 성찰은 단순히 '아는 것'을 넘어 '깨닫는 것'이다. 지식은 외부로부터 주어질 수 있지만, 깨달음은 오직 내면으로부터 길어 올릴 수 있다. 소크라테스는 "성찰하지 않는 삶은 살 가치가 없다."고 말했다. 이는 단지 철학자의 사변이 아니다. 인간이 인간답게 살아가기 위한 최소한의 조건이며, 진정한 자유를 향한 출발점이다. 성찰 없는 삶은 타인의 가치와 사회의 기준에 휘둘리는 삶이다. 그 속에서는 결코 진정한 자유를 찾을 수 없다. 깊이 생각하는 사람은 불필요한 욕망에서 벗어나고, 스스로를 옭아매는 두려움에서도 벗어난다. 자신의 한계와 욕망을 직시하고, 그것을 넘어설 수 있을 때 비로소 사람은 자유로워진다. 생각의 깊이가 곧 자유의 넓이를 결정한다. 깊이 사유하는 사람은 자신의 삶을 주체적으로 이끌 수 있으며, 타인의 시선이나 기준에 얽매이지 않는다.

그러니 우리에게 지금 필요한 것은 더 많은 지식이 아니라, 더 깊은 성찰이다. 책을 많이 읽는 것도 중요하지만, 한 문장을 깊이 곱씹고 삶에 적용할 수 있는 힘이 더욱 값지다. 경험을 많이 쌓는 것도 의미 있지만, 수많은 경험 속에서 스스로를 돌아보지 않는다면 그 경험은 피상적인 기억으로만 남을 뿐이다. 반면, 한 번의 경험이라도 깊은 깨달음을 얻게 된다면 그것은 삶을 바꾸는 전환점이 될 수 있다.

깊은 생각은 단지 머릿속의 활동이 아니라, 삶을 대하는 태도다. 그 태도 속에서 자유는 자라고 자라서, 결국 우리의 삶을 더 넓고 풍요롭게 만든다. 세상은 언제나 우리를 흔들려 하지만, 그때마다 마음의 뿌리를 내리고 생각의 근육을 단련한다면, 우리는 흔들려도 쉽게 꺾이지 않을 수 있다. 더 이상 외부의 바람에만 반응하는 존재가 아니라, 중심을 지닌 존재가 되는 것이다.

생각의 깊이만큼 우리는 자유로울 수 있다. 그 자유는 충동을 넘어선 선택의 자유이며, 외부 환경이 아닌 내면의 평화에서 비롯되는 자유다. 그리고 그 자유는 결국, 우리를 더 진실하게, 더 주체적으로 살아가게 만든다. 진정한 자유는 자신을 아는 데서 시작되고, 그 자유는 삶을 더 넓고 깊고 아름답게 만든다.

6. 너를 통해 나를 본다.

사람 사는 세상이다 보니, 뜻하지 않은 일로 마음이 무거워질 때가 많다. 어떤 때는 일이 잘 풀리지 않아 답답하고, 또 어떤 때는 사람으로 인해 예상치 못한 상처를 받기도 한다. 살아간다는 것은 곧 관계 속에서 부딪히고, 때론 흔들리며 성장하는 과정인지도 모른다. 그 원인이 사람 때문이든, 일이든 간에 우리는 크고 작은 혼란을 겪으며 마음의 균형을 다시 맞춰나간다.

서로 다른 생각과 가치관을 지닌 사람들이 한 사회, 한 공동체 안에서 더불어 살아가다 보면, 마음이 상하는 일도 있고, 신경이 곤두서는 순간도 생긴다. 오해가 쌓이고, 기대가 무너지고, 때로는 믿었던 사람에게서 낭패를 당하는 일도 생긴다. '호사다마(好事多魔)'라는 말처럼, 좋은 일이 있으려 할 때 이상하게 불편한 일이나 복잡한 상황이 함께 찾아오는 경험도 적지 않다. 전혀 예상치 못한 사람으로부터, 전혀 엉뚱한 문제로 인해 마음을 다치는 일도 있다.

그럼에도 불구하고, 삶에서 진정한 위로가 되는 존재 역시 결국은 사람이다. 상처 또한 사람이 주지만, 치유 또한 사람이 주는 법이다. 깊이 주저앉고 싶은 순간에도 다시 일어설 용기를 주는 것은 다름 아닌 누군가의 따뜻한 말 한마디, 진심 어린 눈빛이다. 우리는 사람을 통해 세상을 배우고, 사람을 통해 삶의 지혜를 얻는다.

"논어"의 공야장 편에 나오는 "불치하문(不恥下問)"이라는 공자의 가르침은 관계 속에서 배움과 겸손의 중요성을 일깨워준다. 아무리 지위가 낮거나 학식이 없는 사람이라 하더라도, 내가 모르는 것을 알고 있을 수 있으니 물어보는 것을 부끄러워하지 말라는 의미다. 이 말은 단순히 지식을 구하는 자세만을 말하는 것이 아니다. 사람을 외모나 지위, 겉모습으로 판단하지 말고, 그 존재 자체를 존중하라는 깊은 뜻이 담겨 있다.

우리는 누구에게든 배울 수 있다. 타인은 곧 나의 거울이다. 내가 직접 겪지 못한 삶의 경험, 깊이 있는 생각, 예상치 못한 통찰을 사람과의 만남 속에서 얻게 된다. 누군가의 말 한마디에 자극을 받아 내가 어떤 사람인지 되돌아보게 되고, 때로는 그 안에서 희망의 실마리를 발견하기도 한다. 결국, 사람은 단순히 함께 살아가는 존재를 넘어서 내 삶의 방향을 비춰주는 등불이 되어준다.

이러한 마음가짐은 공동체를 더욱 따뜻하고 건강하게 만든다. 타인을 존중하고 그 존재 자체를 귀히 여기는 삶의 자세는 결국 나 자신도 존중하게 만들며, 세상을 더 넓고 깊게 바라볼 수 있는 눈을 갖게 한다. 내 자신보다 타인을 귀하게 여기는 삶, 그것은 결코 손해 보는 삶이 아니다. 오히려 가장 인간다운 삶의 방식이며, 진정한 품격이 깃든 길일 것이다.

우리는 기억한다. 외세의 침략으로 나라가 위태로웠던 시절, 자신의 안위를 뒤로하고 민족과 대의를 위해 기꺼이 생을 바친 수많은 분들의 희생을. 그들의 숭고한 정신은 오랜 시간이 흘렀어도 여전히 우리의 가슴을 울리며, 오늘날 우리가 어떤 마음으로 살아가야 하는지를 되새기게 한다. 타인을, 공동체를, 나아가 역사를 위해 자신을 기꺼이 내놓았던 그 헌신의 정신은 오늘날에도 여전히 유효하다.

뿐만 아니라, 우리는 이웃과 사회를 위해 자신을 던졌던 수많은 이름 없는 이들의 이야기를 알고 있다. 살신성인(殺身成仁)의 자세로 공동체를 지탱해온 그들의 삶은 이 사회가 인간다움을 잃지 않도록 붙드는 보이지 않는 힘이었다. 그들은 화려한 말 대신 조용한 실천으로 자신의 존재를 증명해냈다.

그러나 타인을 나보다 소중히 여기는 삶이란 결코 쉬운 일이 아니다. 특히 오늘날처럼 배금사상과 물질만능주의가 팽배한 시대에는 더욱 그렇다. 겉으로 보이는 것, 가진 것, 드러나는 이미지를 중심으로 사람을 평가하는 분위기 속에서는 진정한 관계가 피상적인 교류에 그치는 경우를 겪게 된다. 사람 사이의 온기 대신 계산과 이해관계가 앞서는 세상에서는 겸손이나 존중이 낡은 가치로 여겨지기도 한다. 주위를 둘러보면 자신의 지위나 학식, 재산을 앞세워 타인을 깔보는 사람들이 적지 않다. 겉으로는 교양을 이야기하지만, 속으로는 우월감과 편견을 숨기지 못하는 이들도 있다. 나이를 핑계로 상대를 얕잡아보는 경우도 흔하다. 물론 나이만큼 삶의 지혜를 쌓았을 수는 있지만, 나이 자체가 곧 인격을 보장하는 것은 아니다. 나이가 많다고 해서, 배웠다고 해서 반드시 존경받는 존재가 되는 것은 아니다. 그래서 자문하게 된다.

나는 다른 사람을 통해 무엇을 배우고 있는가? 나는 타인을 진심으로 존중하고 있는가? 나는 겸손하게 묻고, 정직하게 듣고 있는가? 사람은 거울이고, 나를 비추는 창이다. 그 안에서 나는 내가 모르는 나를 만난다. 누군가의 시선과 말, 태도 속에서 내 모습이 반사되고, 때론 그것이 나를 변화시키는 계기가 된다. 그 관계 안에서 더 나은 나를 만들어가는 일, 그것이 내가 사람 속에서 살아가는 이유이며 날마다 성찰이 필요한 이유다.

7. 나이 든다는 것의 의미

　나이를 먹을수록 마음이 조금은 버겁고, 또 작아지는 느낌이 든다. 어쩌면 그것은 세월의 무게 앞에서 스스로에게 느끼는 책임감 때문일 것이다. 나이 든다는 것은 단지 숫자가 더해지는 일이 아니라, 그에 걸맞은 삶의 태도와 사회적 책임이 자연스레 따라오는 일이다. 그래서인지 예전엔 설렘으로 다가오던 새해가, 어느 순간부터는 묵직한 부담으로 느껴지기도 한다.

　그러나 지나온 시간들을 찬찬히 되돌아보면, 나이 든다는 것은 단순한 상실이 아닌 또 다른 얻음의 여정이기도 하다. 세월에 순응하며 욕심을 덜어내고, 가진 것을 나누며, 마음을 비우는 법을 배워가는 길. 그것이 바로 나이 들어가는 삶의 지혜이자 선물이다.

　우리는 흔히 '많이 가질수록 행복하다.'는 착각 속에 살아간다. 그러나 진짜 행복은 외부의 조건에서 비롯되지 않는다. 그것은 결국 내면의 성찰, 생각의 전환, 그리고 마음의 태도에서 피어난다.

　오스트리아의 정신의학자 알프레드 아들러는 "인간은 과거의 원인보다 현재의 목적에 의해 움직인다."는 '목적론'을 강조했다. 그는 인간의 고민은 대부분 관계 속에서 비롯되며, 진정한 행복은 타인의 평가가 아니라 자신의 가치를 따르는 삶에 있다고 보았다. 그리고 그가 말한 삶의 참된 가치는 바로 '타인을 위한 공헌'에 있다. 함께 살아가는 공동체 속에서 누군가를 위해 기꺼이 기여하는 것, 그 자체가 곧 행복이라는 말이다.

우리는 모두 언젠가는 늙고 병들고, 결국은 떠나는 존재다. 아들러는 사람들이 노화를 두려워하는 이유를, 세상을 경쟁의 시선으로만 바라보고, 남을 이겨야 한다는 명예심과 허영심, 자만심 속에 살아가기 때문이라고 보았다. 그러나 나이 들어 경쟁력이 줄어드는 것은 지극히 자연스러운 일이며, 이를 인정하고 받아들이는 유연하고 수평적인 시선이 필요하다.

인생은 어떤 것을 '이루기 위한' 여정이 아니다. '지금 여기'에서 만족하고 살아가는 시간들의 축적이다. 그럼에도 불구하고 우리는 종종 스스로를 특별한 존재로 여기며, 타인을 자신의 성공을 위한 수단으로 간주하곤 한다. 이런 독선과 공동체 의식의 결여는 결국 자신뿐만 아니라 주변 사람들까지 불행하게 만든다.

비뚤어진 가치관과 오만한 신념이 만든 비극은 역사의 페이지마다 되풀이되어 왔다. 도덕과 관습, 법과 질서는 이런 파괴적 행동들로부터 우리 사회를 보호하기 위한 최소한의 장치다.

하지만 우리는 여전히 조급하고, 자신만을 앞세우며, 타인에게 관대하지 못한 채 살아간다. 자기중심적 사고는 결국 사회에 대한 반감으로 이어지고, 이는 자신을 더욱 고립시키는 악순환을 낳는다.

이솝우화에 나오는 한 장면이 생각난다. 하늘을 나는 독수리는 "나도 돌고래처럼 바다를 헤엄칠 수 있다면 얼마나 좋을까." 하고 부러워하고, 돌고래는 기린처럼 키가 크기를 바라며, 사자는 치타처럼 빠르게 달리고 싶어 한다. 서로가 자신만의 고유한 장점을 알지 못한 채, 남이 가진 것만을 부러워하며 스스로를 불행하게 만든다.

행복의 기준은 결코 절대적이지 않다. 긴 것도 더 긴 것과 비교하면 짧고, 짧은 것도 더 짧은 것과 비교하면 길다. 결국 모든 것은 마음의 관점, 생각의 습관일 뿐이다.

우리는 모두 행복하고 싶어 한다. 그렇다면 무엇보다도 자신의 삶과 가치, 그리고 주어진 몫을 소중히 여기는 마음이 필요하다. 나는 누구인가? 나의 정체성은 어디에 있는가? 타인과 비교하지 않고, 있는 그대로의 나를 인정하고 사랑하며 자족하는 삶. 그 안에 진정한 자유와 평온, 행복이 깃든다. 나는 나로서 충분하다. 나이가 들면 철이 든다는 말이 맞는 듯하다.

8. 사람됨의 깊이

사람들이 모이면 어김없이 빠지지 않는 대화 주제가 있다. 그 자리에 없는 다른 사람에 관한 이야기, 곧 험담이다. 험담은 단순한 이야기 그 이상이다. 특정인을 향한 폄훼와 비난, 그리고 관계 속에 숨겨진 불신과 배신의 씨앗이다.

우리는 종종 "저 사람, 좀 가벼워.", "무게감 있는 사람이야."라는 표현으로 타인의 인격을 평가한다. 비록 사람의 인격에 무게가 실제로 존재하는 것은 아니지만, 이 말들은 단순한 평가를 넘어 관계 속에 새겨진 깊은 인식이자, 어쩌면 자기 인격의 거울이기도 하다.

인간은 태어나서 죽을 때까지 관계의 그물망 속에 갇혀 살아간다. 가족, 친구, 동료와의 끊임없는 교류 속에서 사랑하고 미워하며 기대와 실망을 반복하는 존재가 바로 우리다.

그래서 한자 '인간(人間)'은 '사람(人)과 사이(間)' 즉 '사람과 사람 사이'를 뜻한다. 그만큼 우리는 관계의 존재다. 인간관계는 크게 두 갈래로 나뉜다. 인격에 기반한 관계, 그리고 이해관계이다. 그러나 어느 쪽에도 이상만 존재하지 않는다. 인격적 관계는 오해와 상처를 낳고, 이해관계는 불가피한 갈등을 품는다. 때로 그 깊은 상처는 돌이킬 수 없는 절망을 남기고, 극단적인 선택을 부른다. 어느 누구와 어떤 관계를 맺느냐는, 단순한 사회적 연결 그 이상이다.

그것은 나 자신의 존재와 가치를 규정하는 준거점이 될 수 있다.

오늘날 우리는 과거보다 훨씬 많은 정보와 지식 속에 살고 있다.

기술의 진보는 삶을 편리하게 만들었고, 세상은 그 어느 때보다 빠르게 변한다. 그러나 묻고 싶다. 과연 우리는 그만큼 더 깊고 성숙한 인격으로 거듭났는가? 우리 내면은 과거보다 더 지혜로워졌는가? 삶의 태도는 시대나 기술의 문제가 아니다. 내가 어떤 존재인지, 어떤 역할을 자각하며 살아가는가에 달렸다.

과거 단순했던 사회 구조 속에선 한 사람의 역할이 명확했고, 삶의 무게도 고르게 분배되었다. 하지만 오늘날 복잡하고 빠른 변화의 시대에선 사람됨의 본질이 흐려진 듯하여 안타깝다.

사람의 인격은 단지 행동이 아니라, 그 행동과 말이 일관성을 가질 때 비로소 드러난다. 일관성이 깨지면 우리는 이중적인 태도를 보이고, 상황에 따라 흔들리는 판단을 하게 된다.

프랑스 철학자 장 폴 사르트르는 "실존은 본질에 앞선다."고 말했다. 이는 우리 각자가 자기 삶의 의미와 가치를 스스로 책임져야 한다는 선언이다. 시대와 사회가 어떻게 변해도, 언행에 대한 책임 의식만큼은 결코 가벼워져서는 안 된다.

특히 인간관계에서 말의 책임감은 더욱 절실하다. 내가 무심코 던진 한마디, 가볍게 동조한 험담 한 줄이 누군가에게 깊은 상처를 남긴다. 그 말들은 언젠가 내게 돌아와 나를 평가하는 기준이 되기도 한다. 나는 고백한다. 나 또한 어느 순간, 사람들 틈에 섞여 누군가의 뒷얘기에 고개를 끄덕이고, 웃으며 말을 더한 적이 있었다. 그 순간에는 짜릿하고, 어쩌면 더 가까워진 기분이 들었지만, 뒤돌아서면 늘 씁쓸함과 내 안의 무게감·상실감을 느꼈다. 험담은 달콤하지만 위험한 유혹이다. 사람됨의 깊이를 조금씩 갉아먹는, 조용하지만 치명적인 독이다.

우리는 상대에게 말을 하기 전에 스스로에게 물어야 한다. 이 말이 진정 상대를 위한 것인가? 아니면 내 안의 허영이나 불편한 감정을 잠시 위로하려는 자기 위안인가?

사람됨은 결코 거창한 일이 아니다. 그것은 작은 말 한마디, 사소한 태도에서 드러난다. 그리고 그 무게는 상대의 평판이 아니라, 내 말에 대한 책임감에서 비롯된다.

말 한마디가 관계를 살리고, 그 말 한마디가 나를 세운다. 그리하여 자신의 인격을 형성해 가는 것이다.

9. 마음의 온도를 유지하는 그곳

삼복더위는 우리 일 년 가운데 가장 뜨겁고 무더운 시기로 꼽힌다.

초복, 중복, 말복 세 번의 절기를 지나며, 습도와 기온이 절정에 달해 사람들의 몸과 마음이 지쳐간다. 그래서인지 여름이 다가오면 사람들은 저마다 시원한 계곡이나 푸른 바다를 찾아 분주히 피서를 계획한다. 그런데 문득 궁금해진다.

에어컨도, 냉장고도, 시원한 음료도 없던 옛 조상들은 과연 어떻게 이 찌는 듯한 무더위를 견뎌냈을까? 기록들을 살피면, 그들 역시 오늘날 못지않게 무더위와 싸워야 했다.

교통은 불편하고 편의시설도 없던 시절, 선비들은 시냇가에 발을 담그고 솔바람 소리를 벗 삼아 책을 읽으며 더위를 식혔다. 폭포 아래서 떨어지는 물소리에 귀를 기울이며 자연과 하나 되는 여유를 누렸고, 먼 곳으로 떠날 수 없을 때는 방 안에 폭포 그림을 걸어놓고 상상의 시원함으로 마음을 달래기도 했다.

조선 시대 궁중에는 '빙표(氷票)'라 불리는 얼음 교환권이 있었다. 신하들에게 나누어 주어 석빙고의 얼음을 받아 쓸 수 있게 한 이 배려는 병자나 죄수에게도 이어졌다. 그 당시에도 얼음은 소중한 자원이며, 무더위를 식히는 귀한 선물이었다.

연산군은 대나무의 서늘한 기운과 뱀의 냉기를 이용해 더위를 피했다고 전해지고, 당나라 양귀비는 쇠 구슬을 입에 머금고 냉기를 느끼며 여름을 견디기도 했다고 한다.

인간은 시대를 막론하고 더위를 이겨내기 위한 지혜와 노력을 멈추지 않았다.

그 지혜의 바탕에는 자연과 조화하며 더위를 이해하고 극복하려는 마음이 깃들어 있다.

오늘날의 피서는 양상이 크게 달라졌다. 상업화된 관광지의 북적임, 치솟는 비용, 긴 교통 체증은 오히려 우리의 피로를 가중시킨다. 물리적인 장소를 이동한다고 해서 진정한 휴식이 보장되는 것은 아니다. 오히려 마음의 온도를 낮추는 일이야말로, 무더운 여름을 견디는 진짜 지혜가 아닐까 생각한다. 그런 의미에서 도서관은 더없이 훌륭한 피서지다.

조용하고 시원한 공간 속에서 책장을 넘기는 그 순간, 우리는 더위를 잊고 지적 쾌감과 사색의 깊이를 경험한다. 찰스 W. 엘리엇 전 하버드대 총장은 "책은 가장 조용하고 변함없는 벗이자, 가장 인내심 있는 교사"라고 말했다. 좋은 책 한 권은 차가운 음료보다 더 깊고 오래도록 마음을 시원하게 해주는 위로다. 삼복더위가 한창일 때, 모두가 바깥으로 떠날 때 오히려 도서관으로 들어가는 선택 그 조용한 공간에서 책과 마주하는 시간은 더위를 이겨내는 가장 현명하고 품격 있는 방법이 될 것이다.

단순한 물리적 시원함을 넘어, 더 나은 나를 만들어가는 내면 여행이 그곳에 기다리고 있다.

바깥세상은 찌는 듯 덥지만, 마음은 차분히 식히는 곳 그리하여 무더운 여름도 견딜 수 있는 강인함과 지혜를 키우는 시간 삼복더위 속에 찾은 이 조용한 피서는 여유로운 삶을 살아가는 또 하나의 멋진 방식이라 여겨진다.

10. 바로 살아야 한다.

흔히들 이렇게 말한다. "모로 가도 서울만 가면 된다.", "꿩 잡는 것이 매다." 과정보다 결과를 중시하는 이 말들은, 마치 끝만 좋으면 과정은 그다지 중요하지 않다는 태도를 대변하는 듯하다. 물론 삶의 문제를 해결하는 데 있어 다양한 방법과 융통성이 필요하다는 의미로도 받아들일 수 있지만, 때로는 '수단과 방법을 가리지 않고' 결과만 따지는 세태를 정당화하는 말로 오용되는 경우가 많다. 인간에게 있어 도리를 다하고, 원칙과 상식을 지키며 살아가는 일은 결코 쉽지 않은 길임에도, 그것이야말로 삶의 근본이라 믿는다.

우리는 모두 내면에 양심과 체면, 그리고 현실적 상황 적응력이라는 복잡한 이중적 존재를 안고 산다. 이성적 자아와 욕망, 본능과 체면이라는 상반된 힘 사이에서 갈등하며, 때로는 그 경계를 오가기도 한다. 그 결과 우리는 때로 위선적인 삶을 살며 자신을 속이기도 하고, 보이지 않는 내면의 소중함보다는 겉으로 드러나는 이미지에 더 큰 가치를 두게 된다.

일반적으로 오늘날 사회는 겉치레와 표면적인 평가가 앞서는 곳이다. 그러한 이유에 편승하여 남들이 보는 '보이는 나'에 신경 쓰느라 진짜 내 모습을 숨기고, 때로는 거짓된 자아를 만들어 내기도 한다. 이런 현실에서 나의 존재감을 드러내는 일이 얼마나 어려운지, 또 얼마나 절실한지도 이해된다. 누군가에게 인정받고, 존재의 무게를 느끼고 싶은 마음은 누구에게나 있다.

그러나 그 과정에서 내가 진짜 나 자신인지, 혹은 이중적인 태도로 위장하는 존재가 되어가는 것은 아닌지 스스로 돌아봐야 한다. 원칙과 상식을 무시하고 편한 길만을 찾는다면, 그 대가는 사회적 기회비용의 증가와 인간관계 속 신뢰의 붕괴로 돌아온다. 사람들 사이에 배려가 쌓이면 그것이 당연한 권리로 여겨지고, 상대의 허물과 무례함에 눈감아 주면 스스로가 강인하다고 착각하는 오류가 일상화된다. 극한의 순간에 우리는 자신의 감정에 휘둘리며, 상대에게 예의보다는 분노와 비난을 쏟아내기도 한다. 그러나 분노는 결코 개인만의 감정이 아니다.

화가 나더라도 기본적인 예의를 잃는다면, 누구에게도 인정받지 못한다.

원칙과 상식은 감정 이전에 '상대를 비난하기 전에 먼저 나 자신을 되돌아보라.'는 메시지를 담고 있다. 내가 내 존재감을 과시하려는 마음이 과연 진정한 자아의 발현인지, '꼬리가 개를 흔들 수 있다.'는 어리석은 생각에 사로잡혀 있는 것은 아닌지 성찰해야 한다.

우리가 세상 속에서 인정받고, 진정한 존재감을 느끼고 싶다면, 먼저 내면의 진실과 마주해야 한다. 결과만을 좇아 과정과 도리를 외면하는 삶이 아니라, 과정 속에서 스스로를 다듬고 원칙을 지키는 태도에서 진정한 가치가 자라난다. 그리하여 삶은 단지 '어디에 도달하느냐.'가 아니라, '어떻게 그 길을 걸어가느냐.'에 달려 있음을 기억해야 한다.

과정이 아름다운 여정이 될 때, 비로소 결과도 빛나며 우리의 존재도 더욱 단단해진다.

결국, '서울'에 이르는 길은 하나가 아니다. 그 길 위에 내리는 발걸음 하나하나가 나 자신을 드러내는 진솔한 표정이어야 한다. 그것이야말로 세상의 인정보다 더 깊고 강한, 내 삶의 바른 깊이가 되고, 훗날 돌아보았을 때 후회하지 않을 인생 여정이었다고 말할 수 있을 것이다.

11. 나답게 사는 것

한 해가 저물어 갈 즈음이면 사람들은 저마다 마음속으로 지난 시간을 되돌아본다.

"나는 무엇을 하며 어떻게 살아왔는가." 그 질문은 때로 무겁게, 때로는 조용히 우리 곁에 다가온다. 흐르는 시간의 아쉬움과 함께 스스로에게 묻는다. "나는 누구인가? 무엇을 하고 있으며, 과연 잘 살고 있는지?" 그 물음 앞에, 대답은 늘 쉽지 않다. '잘 모르겠다.'고 말하기조차 부끄럽다. 사실, 우리는 정작 나 자신조차 명확히 알지 못한 채 살아간다.

그런 상태에서 남을 평가하고 판단하는 일은 얼마나 무모한 일인가. 옳고 그름의 판단 기준이 바로 '나'라는 존재의 세계관과 의식 수준에 닿아 있다는 점을 돌아보면, '나'라는 존재의 가치와 깊이를 먼저 가꾸어야 하지 않을까 하는 생각이 든다. 흔히 쓰는 말 중에 '내가 하면 로맨스, 남이 하면 불륜'이라는 표현이 있다. 그 이중 잣대 속에는 인간의 불완전함과 세상살이의 복잡한 그늘이 담겨 있다. 사람들은 각기 다른 환경과 조건 속에서 다양한 삶을 꾸려 간다. 그러니 어떤 평가도 가능한 한 공정하고 보편적인 관점에서 이루어져야 하며, '잘 산다.', '바르게 산다.'는 말에 정답은 없다는 것에 고심하게 된다.

각자의 삶은 저마다의 빛깔을 지니고 있고, 각자가 지향하는 가치 또한 다르기 때문이다.

그러나 삶이란 그저 흘러가는 것만이 아니다. 현실의 무게를 넘어서는 높은 차원의 가치를 품고, 그 가치를 향해 도전할 때, 우리는 역경 속에서도 보람과 긍지를 느낀다. 그 순간, 비로소 진정한 행복과 가까워지는 법이다. 그리고 뒤돌아보며, 지나온 길목에 남긴 내 뒷모습이 아름답다면, 그때 우리는 비로소 자신을 긍정할 수 있을 것이다. 오늘날 우리는 말 몇 마디, 글 몇 줄로 자신의 존재감을 드러내려 애쓴다. 말은 자신의 최소한의 방어 기제이자, 때로는 무기다.

글은 자신의 내면과 다르게 타인의 감정을 자극하거나 이목을 끌기 위한 도구가 되기도 한다. 그러나 잊지 말아야 한다. 말과 글은 그 사람의 인격이며 삶의 흔적이라는 것이다.

한번 뱉은 말, 한번 남긴 글은 다시 거두기 어렵다. 때로는 그 말이 칼날이 되어 자신을 향해 돌아오기도 한다. 말과 글의 무게는 곧 사람의 품격이다. 무게 없는 말은 삶의 깊이도 담보하지 못한다. 진실을 잃지 않고 나답게 사는 삶, 그것이 바로 자신의 삶에 대한 존중이며 품격이다. 나이가 들수록 품격은 연륜의 몫이 된다. 품격을 지키려면 무엇보다 진실함을 지켜야 한다. 남을 속이려면 먼저 자신부터 속여야 한다는 말처럼, 진실하지 못한 삶은 결국 자신과 타인을 함께 파멸로 이끄는 씨앗이다. 진실하지 않은 사람은 남을 속이고, 결국 아무도 그를 신뢰하지 않는다. 말과 행동 모두 허위로 여겨지며, 그 사람은 세상의 변두리에 머물게 될 뿐이다. 자신이 소중한 사람은 타인의 소중함도 안다. 그것이 우리가 속한 시민사회가 요구하는 윤리의 근간이다. 젊은 세대 또한 마찬가지다.

역사의 창조자가 되려 한다면, 먼저 연륜 있는 세대를 존중할 줄 알아야 한다.

시간이 쌓아 올린 삶의 지혜와 경험을 배움으로 받아들이지 않는다면, 어떤 새로운 시도도 허공에 머무르고 말 것이다. 우리 사회는 다양한 인적 구성과 지역적 차이를 품고 있는 공동체다. 그렇기에 자신의 관점과 가치만으로 타인을 판단하고 폄훼하는 것은 큰 오류다.

'나답게 산다.'는 것은 결국 '타인을 존중한다.'는 것이고, 진실한 자기 성찰 위에 세워진 삶의 자세다. 그렇게 자신을 돌아본다. 어떤 모습으로 서 있을지 아직 완전한 답은 없지만, 오늘도 진실하고 성실한 나로, 그리고 상대를 존중하는 한 사람으로 살아가길 소망한다.

12. 강물은 흐르는데 나는 어디에

끊임없이 변화하는 세상 속에서 우리가 시대의 흐름을 읽고 감각을 키운다는 것은 선택이 아닌, 지혜롭게 살아가기 위한 필수 조건이다. 고대 중국의 고사 중 '각주구검(刻舟求劍)'이라는 이야기가 있다. 강물에 빠진 칼의 위치를 찾겠다며 배에 칼이 빠진 자리를 표시해 놓고, 물살은 흘러가는데도 그 자리만 바라보는 어리석음의 상징이다.

이 이야기는 단순한 고사를 넘어서, 오늘날 우리에게 깊은 울림을 준다. 과거에 안주하며 변화하는 현실을 외면하는 태도는 설 자리가 없다. "나 때는 말이야…"라며 과거의 방식에만 매달리는 삶은 흐르는 강물 위 뱃전에 흔적을 새기고 그 자리에 머무르려 하는 어리석음과 같다. 오늘날 4차 산업환경이 가져온 변화는 그야말로 혁명적이다.

사물인터넷, 인공지능, 빅데이터, 클라우드 컴퓨팅 등 첨단 기술이 삶의 모든 영역을 뒤흔든다. 이 기술들이 때로는 인간의 역할을 위협하는 듯 보이기도 하지만, 오히려 인간 존재의 본질과 가치를 더 선명히 비춘다. 기술은 사람이 중심이 되어야 한다.

인간을 위한 기술 발전이 아니면 방향을 잃고 만다. 삶의 근본이 흔들린다면 아무리 발전해도 무의미하다. 이처럼 세상이 변할수록 우리의 관계, 처세, 그리고 자신을 바라보는 태도도 변화에 발맞추어야 한다. 상대에게 인정받지 못하는 사람은 존재감을 잃고, 정체성조차 흐려진다.

우리는 시대와 사회적 요구에 민감하게 반응하며 끊임없이 변화에 적응해야만 성장할 수 있다. 창의적 도전과 유연한 대응 없이는 생존 자체가 불가능하다. 조직은 한 사람 한 사람의 역할 자각과 책임감으로 움직인다. 내가 조직에서 어떤 위치에 있는지, 내게 맡겨진 책무는 무엇인지 아는 것. 그 역할을 충실히 해낼 때 비로소 '존재'의 의미가 생겨난다. 변하지 않으면 뒤처진다. 어쩌면 변하지 못하는 것보다 더 무서운 것은, 자신이 멈춰 있다는 사실조차 깨닫지 못하는 것이다. 그렇게 우리는 무의식적으로 과거에 갇혀 살아가며 삶의 의미마저 퇴색시켜 버린다.

흐르는 강물처럼 시간은 멈추지 않는다. 과거의 흔적을 붙잡으려 애쓰기 보다는 후회와 미움, 아쉬움의 무게를 내려놓고, 미래를 향해 힘차게 나아가야 한다. 변화는 때로 두렵고 낯설지만, 그 속에 우리의 생명력이 있고 성장의 씨앗이 있다. 흐르는 강물 위에 머무르지 않고, 그 물살을 타고 앞으로 나아가는 삶만이 진정한 지혜로운 삶일 것이다. 이제는 시대의 흐름을 거스르려 하지 말자. 바람을 거스르는 나무처럼 스스로를 괴롭히지 말자. 변화에 몸과 마음을 맡기고, 새로운 도전을 향해 나아가는 그 용기가 우리 모두에게 필요하다.

흘러가는 강물을 바라보며 나는 어디에 서 있을까. 그 자리에서 자신을 돌아본다. 그리고 생각한다. 흐르는 강물 위에 흔적만 남기고, 그 흔적을 찾기 위해 동분서주하며 살고 있는 모습 속에서 생각의 여유를 찾아야 한다고.

13. 어떻게 살 것인가.

일을 처리하는데 있어서 두 부류가 있다. 스스로 찾아서 하는 사람과, 주어진 일만 하는 사람이다.

전자는 능동적이며 창의적인 사람이라 불린다. 그는 단순히 시키는 일을 넘어, 문제를 찾아내고 해결책을 모색하며, 새롭고 나은 방식을 고안한다. 반면, 후자는 수동적이고 기계적인 사람으로 여겨진다. 맡겨진 일은 묵묵히 수행하지만, 변화와 개선에는 무관심하다.

아무리 성능 좋은 컴퓨터라도 소프트웨어가 없다면 그저 무심한 기계 조각에 불과하듯, 사람도 아무리 뛰어난 지적 재능이나 신체 능력을 가졌더라도 적극성과 열정 없이는 차이가 없다. 단지 주어진 명령에만 반응하는 삶은 결국 반복과 소모의 굴레에 갇히고 만다.

능동적 창의성이란 단순히 무(無)에서 유(有)를 만들어내는 신비한 재능을 뜻하지 않는다. 오히려 그것은 과거와 현재의 지식과 경험, 정보를 바탕으로 새로운 사물이나 생각을 창출해내는 힘이다. 다시 말해, 기존의 틀을 넘어서는 새로운 시도와 발상이 바로 창의성이다. 이미 있는 것을 단지 반복하는 것이 아니라, 새로운 의미를 부여하고 발전시켜 나가는 것, 거기에 인간다운 지혜와 상상력이 깃든다.

이러한 능동성과 수동성은 인간관계에도 깊은 영향을 미친다. 인간은 본질적으로 사회적 존재다. 타인과 소통하고 이해하며 협력함으로써 성숙해진다.

좋은 인간관계는 단순한 정서적 위안을 넘어, 창의성과 성취의 촉매가 된다. 서로의 다름을 인정하고, 갈등을 넘어 협력할 수 있을 때 우리는 더 큰 결과를 만들어낼 수 있다.

시대는 변했다. 스마트폰과 SNS의 보급으로 우리는 시간과 공간의 제약 없이 언제 어디서든 연결될 수 있는 시대에 살고 있다.

동시에 기술의 발전은 사람의 가치를 '몸값'으로 환산하는 낯선 기준을 만들어내기도 했다. '얼마나 창의적인가.'보다는 '얼마나 효율적인가.', 혹은 '얼마나 값어치를 만들어 내는가.'의 판단 기준이 된 사회에서, 인간은 점점 기계화된 존재로 전락할 위험에 처해 있다.

미국 베들레헴 철강회사의 회장이 남긴 일화는 많은 것을 시사한다. "목 아래는 모두 같은 2달러지만, 목 위는 사람마다 큰 차이가 있다." 같은 강철 덩어리도 어떤 이는 단순 쇠공을 만들어 5달러의 가치를, 또 다른 이는 정밀한 시계 부품을 만들어 수천 달러의 가치를 만들어낸다. 결국 문제는 '무엇을 만들 것인가.'가 아니라, '어떻게 생각하고 행동하느냐.'에 있다. 적극적이고 창의적인 사고는 컴퓨터의 소프트웨어와 같다. 우리는 누구도 스스로를 '기계적 인간'이라 여기지 않지만, 하루를 되돌아보면 얼마나 능동적으로 삶에 참여했는지, 혹은 단지 지시와 명령에 따랐는지 돌아보게 된다. 누군가가 만든 시스템에 자신을 맞추는 것과, 스스로 기준과 방향을 설정해 나아가는 것은 분명히 다르다. 산업사회가 더욱 복잡하고 다변화될수록 살아남는 존재는 단순히 '기능을 잘 수행하는 존재'가 아니라, '기능을 새롭게 해석하고 변형하는 능력'을 가진 존재다. 기계적으로 움직이는 인간은 결국 시대의 변화에 적응하지 못하고 도태

될 수밖에 없다. 주위를 둘러보면 창의적 태도와 기계적 태도가 명확히 구분되는 장면을 자주 목격한다. 같은 문제 앞에서도 어떤 사람은 새로운 관점으로 해석하고 긍정적 변화를 이끌어내는 반면, 또 다른 사람은 자기 고집과 아집에 갇혀 납득하기 어려운 선택을 반복한다.

더욱 안타까운 것은, 요즘 우리 사회에서조차 정치나 직업 집단 등 주요 영역에서 창의적이고 합리적인 모습보다, 비합리적이고 비상식적인 태도가 더 자주 눈에 띈다는 점이다.

어떤 이들은 개인의 욕심과 고집을 '신념'으로 포장하지만, 그것은 오히려 대중을 혼란스럽게 하고 사회적 신뢰를 무너뜨린다. 그러나 우리는 믿는다. 대중의 지혜는 결코 만만하지 않다. 비상식적인 것을 창의적이고 옳은 것으로 포장하려 해도, 결국 상식과 원칙에서 벗어나면 인정받기 어렵다는 사실을, 상식은 우리 삶의 기본이다. 때로는 평범해 보이지만, 그 속에는 삶을 지탱하는 원칙과 균형이 녹아 있다. 그 상식을 토대로 스스로 능동적이고 창의적인 삶을 살아가는 이들, 그들이야말로 진정한 의미의 '사람다움'을 실현하는 자들이다. 우리는 누구나 더 나은 내일을 꿈꾸며 살아간다. 그 꿈은 타인이 만든 명령어 속에서가 아니라, 자신이 직접 입력한 삶의 원칙과 신념 속에서 현실로 다가온다.

오늘, 나의 삶은 어떤 생각의 소프트웨어로 움직이고 있는가? 그 질문 앞에서 비로소 '진짜 나'의 모습이 드러난다.

14. 살아있음이 행복이다.

사람마다 생각의 모양은 다르고, 표현의 빛깔은 다르다.

그러나 대부분은 삶의 목적을 말할 때 '행복한 인생'을 망설임 없이 떠올린다. 돈, 명예, 건강, 권력, 여유로운 삶의 질 같은 요소들이 그 조건으로 자주 거론된다. 물론 누군가는 부나 성공에 큰 의미를 두지 않을 수도 있다. 하지만 "행복해지고 싶지 않다."고 말하는 사람은 드물다. 아니, 거의 없다. 그렇다면 행복이란 과연 무엇인가.

행복은 어디서 오고, 어떻게 느껴지며, 왜 누구에게는 쉽게 다가오지 않는 것일까, 심리학자들은 말한다. 진정한 행복은 외형적 풍요에서 비롯되지 않는다고. 돈이나 지식, 사회적 지위가 사람의 감정을 채우는 듯 보이지만, 정작 우리를 따뜻하게 만드는 것은 보이지 않는 내면의 연결이다. 배우자와의 신뢰, 가족과의 유대감, 내일에 대한 기대와 희망. 우리가 진짜 행복해지는 순간은 거대한 무언가가 아닌, 아주 작은 '마음의 움직임' 속에서 피어난다.

오늘날 우리는 과거 어느 시대보다 물질적으로 풍요롭다. 거리에 넘치는 불빛, 손안의 스마트폰, 배달되는 음식, 빠른 교통. 그러나 정작 "나는 지금 행복하다."고 말하는 사람은 많지 않다. 오히려 "보릿고개 시절이 더 정겨웠다."는 어른들의 말이 우리의 마음을 찌른다.

먹을 것은 부족했지만, 사람 사이의 온기가 있었다는 그 회고는, 행복의 본질이 소유보다 관계에 있다는 사실을 일깨운다. 절대적 빈곤보다 더 큰 고통은 상대적 박탈감이다.

우리가 느끼는 불행의 상당수는, 타인과의 비교에서 비롯된다.

SNS에 올라온 누군가의 여행, 고급 레스토랑, 화려한 일상은 우리의 소소한 하루를 초라하게 만든다. 실상은 아무것도 달라진 게 없는데, 마음만 깊은 그늘 속으로 떨어진다.

런던대학의 리차드 교수는 "사회의 부가 증가해도 개인의 행복감은 일정 수준을 넘지 않는다."고 했다. 익숙함이 행복을 무디게 만들고, 끊임없는 비교가 현재의 만족을 가로막는다는 것이다. 이 말은 결국 행복은 '갖는 것'이 아니라 '느끼는 방식'에 달려 있다는 단순한 진실을 전한다. 그렇다면 어떻게 살아야 행복한 것일까. 돈이 많으면 정말 만족스러울까. 명예와 권력이 마음의 허기를 채워줄 수 있을까. 세속적 성공의 조건 몇 가지를 이루는 것으로 행복은 완성되는 것일까. 사전은 행복을 "생활 속에서 충분한 만족과 기쁨을 느껴 흐뭇한 상태"라고 말한다. 그러나 지금 우리의 삶은 과연 그런 '흐뭇함' 속에 있는가. 그 흐뭇함이 무엇이었는지 조차 잊은 채 살아가고 있는 것은 아닌지 고민하게 된다.

마하트마 간디는 행복을 이렇게 정의했다. "행복은 우리가 생각하는 것, 말하는 것, 행동하는 것이 조화될 때 찾아온다." 이 말은 깊은 울림을 준다. 우리는 때때로 속과 겉이 다른 삶을 산다. 겉으로는 웃지만, 속에서는 울고 있다. 말은 괜찮다고 하지만, 마음은 금이 가 있다.

그 불일치와 분열이 바로 불행의 시작이다. 생각과 말과 행동이 한 줄기의 강처럼 조화를 이룰 때, 비로소 마음이 평온해지고 삶이 균형을 찾는다. '배부른 돼지가 될 것인가, 배고픈 소크라테스가 될 것인가.' 이 오래된 철학적 질문은 오늘날에도 유효하다. 풍요 속의 공허함과 결핍 속의 존엄함 사이에서 우리는 어떤 삶을 택할 것인가? 행복이란 결국 선택이다.

어떤 시선을 가질 것인지, 어떤 가치를 따를 것인지에 따라 같은 상황도 천국이 되고 지옥이 된다. 행복은 '무엇을 얼마나 가졌는가.' 보다 '무엇을 어떻게 바라보며 살아가는지'에 달려 있다. 고요한 새벽에 창을 열고 마시는 따뜻한 차 한 잔, 사랑하는 사람과 웃으며 나누는 대화, 쓸모없어 보이는 작은 일에 온 마음을 담아 몰입하는 순간, 그리고 하루를 무사히 마무리하며 "오늘도 잘 살았다."고 말할 수 있는 마음, 행복은 멀리 있는 것이 아니다. 행복은 언제나 우리 곁에 조용히 머물고 있다. 다만 우리가 자주 바빠서, 혹은 비교하느라 그 존재를 놓칠 뿐이다. 행복은 결과가 아니라 과정이며, 정답이 아니라 질문이다. 그 질문 앞에서 조용히 자답한다. "나는 지금 살아 있기에, 그리고 지금 이곳에 있기에 행복하다."

15. 거울 속의 모습과 진짜 나

"인간은 본래 선한 존재일까, 아니면 악한 본성을 지닌 존재일까?" 이 고전적인 물음은 수천 년 동안 철학자와 사상가들의 사유를 자극해 왔다. 맹자는 인간은 본래 착하다고 했다. 누구나 태어날 때는 순수한 성정을 지니지만, 자라면서 환경과 경험, 인간관계 속에서 그 본성이 흐려진다고 했다. 반면 순자는 인간의 본성이 악하다고 단언했다. 통제되지 않은 욕망은 사회를 혼란에 빠뜨리기에, 교육과 예법으로 다스려야 한다고 보았다. 노자 역시 인간의 욕망을 경계했다. 그는 세상이 너무 복잡해진 이유를, 인간이 자연스러운 상태를 벗어나 지나친 욕망을 좇기 때문이라고 보았다. 선이냐, 악이냐. 고대의 질문은 오늘날에도 여전히 우리 안에서 계속된다. 하지만 이 문제를 선과 악, 두 갈래로만 나누는 것은 지나치게 단순한 해석일 수 있다. 인간의 본성은 유전적 요소, 양육 환경, 사회적 관계, 문화적 배경 등 무수한 요인이 복합적으로 얽혀 형성된다. 심리학자들은 말한다. 인간의 마음은 이분법적으로 흑백을 나눌 수 없다고. 그래서 우리는 때로는 선의 화신처럼 행동하다가도, 어느 순간에는 이기적인 모습으로 변모한다. 우리는 독립적인 존재이면서도 동시에 사회적 동물이다.

자유를 갈망하지만, 그 자유는 다른 이들과의 조화 속에서 비로소 의미를 가진다.

고대 철학자들은 인간을 단지 자연에 휘둘리는 수동적 존재가 아닝, 스스로의 선택과 책임을 지는 능동적 존재로 보았다. 자유는 바로 그 선택과 책임 속에 존재한다. 하지만 때로 그 자유는 과도해지고, 그로 인해 문제가 발생한다. 자아를 잃어버리고, 현실과 이상의 경계를 혼동하는 사람들이 생겨난다. 그 대표적인 현상이 바로 '리플리 증후군'이다.

이 용어는 1999년 영화 『리플리』에서 유래한다. 영화 속 주인공 톰 리플리는 자신의 삶에 만족하지 못한 채, 부유하고 매력적인 딕키의 삶을 동경한다. 그는 점차 딕키의 정체성을 빼앗고, 그의 삶을 자신인 듯 살아가려 한다. 마치 거울 속 또 다른 자신을 살고 싶어 하듯, 그는 타인의 인생을 모방하며 결국 현실과 환상의 경계를 무너뜨린다. 리플리 증후군은 낮은 자존감과 강한 열등감에서 비롯된다. 자신의 현재를 부정하고, 타인의 삶을 가면처럼 쓰고 살아가는 것이다. 문제는 그렇게 살아도 진짜 자신은 변하지 않는다는 점에 있다.

겉모습은 달라져도, 속은 여전히 혼란스럽고 불안하다. 그 불안을 감추기 위해 사람들은 거짓을 말하고, 거짓은 또 다른 거짓을 낳는다. 작은 허세는 커다란 환상이 되고, 결국 자신조차 속게 된다. 현대 사회는 점점 더 외형적인 성과와 타인의 시선에 민감해지고 있다. 타인보다 뒤처진 것 같은 초조함, 끊임없는 비교 속에서 무너지는 자존감, 그렇게 '진짜 나'를 잃어버린 사람들이 많아졌다. '있는 그대로의 나'는 부족하다는 생각이, 결국 '허위의 나'를 만들어낸다. 우리는 자유를 갈망하지만, 그 자유는 자칫 자기중심적 욕망으로 변질된다. 거짓말은 방어기제가 되고, 자기 합리화의 도구가 된다.

그러나 결국, 거짓은 진실을 이길 수 없다. 잠시 속일 수는 있어도, 오래도록 속일 수는 없다. 자신을 속인다는 것은 결국 존재의 근본을 부정하는 일이기 때문이다. 사회는 법으로 유지된다. 법은 모두가 지켜야 할 최소한의 기준이다. 하지만 법만으로는 삶을 설명할 수 없다.

그 법 바깥에는 인간적인 따뜻함, 상식적인 도리, 그리고 서로를 배려하는 마음이 존재해야 한다. 그것이 빠진 사회는 규칙은 남아 있어도 온기는 사라진다. 성선이든, 성악이든, 인간의 본성은 관계 속에서 드러난다. 말과 행동이 일치할 때, 그 안에 신뢰가 생긴다.

상대를 있는 그대로 바라보고, 나 자신도 꾸밈없이 드러낼 수 있을 때, 우리는 비로소 '인간답다.'고 말할 수 있다. 자신을 꾸미고 감추는 것은 쉬울 수 있다. 하지만 자신을 받아들이고 드러내는 용기는 결코 쉽지 않다.

진실 된 말과 행동, 그리고 타인을 존중하는 마음은 우리가 지켜야 할 최소한의 품격이다.

거짓으로 만든 삶은 언젠가 무너진다. 그러나 진실한 마음에서 피어난 삶은 오래도록 향기롭다. 그 향기가 바로, 인간다운 본성의 향기다. 세상이 점점 더 각박해질수록, 더 나답게, 흉내 내지 않고, 속이지 않고, 있는 그대로의 나로 살아가는 것. 그것이야 말로 우리가 지켜야 할 '인간성'이며, 우리가 사람답게 살아야 하는지를 묻는 중요한 물음이다.

16. 잠시 멈춰 나를 묻는다.

로마의 철학자 세네카는 "주의 깊게 살펴보면, 인생의 가장 큰 부분은 우리가 생각만 하며 보내는 동안 흘러가고, 또 상당 부분은 아무것도 하지 않은 채 흘러가며, 결국 주어진 생은 다른 일에 몰두한 사이에 지나가 버리고 만다."라고 했다. 이 말은 삶의 본질을 잊은 채 살아가는 우리 모두에게 던지는 묵직한 경고처럼 들린다. 인생은 생각보다 짧지도, 길지도 않다. 그러나 많은 이들은 그 소중한 시간을 허망하게 흘려보낸 뒤에야 비로소 인생이 지나갔음을 깨닫는다. 우리는 마음의 자세에 따라 인생을 짧게도, 길게도 만들 수 있다. 단지 '산다'는 것은 숨을 쉬며 존재하는 것이 아니라, '사람답게' 살아가는 것이다. 그러나 그 '사람답게'라는 말이 담고 있는 무게는 결코 가볍지 않다.

태어나서 죽기까지 우리에게 주어진 생의 분량은, 특별한 경우를 제외하면 대체로 비슷하다. 그러나 같은 시간을 살아도, 그 삶은 목표와 태도에 따라 전혀 다르게 느껴진다.

누군가는 인생을 '여행'에 비유한다. 같은 차를 타고 같은 목적지에 도달해도, 도착 후의 느낌은 천차만별이다. 주어진 조건은 같을지라도, 그 여정을 어떻게 받아들이느냐는 전적으로 각자의 몫이다. 인생의 종착점은 누구에게나 '죽음'이라는 동일한 이름으로 찾아온다.

쫓기듯 바쁘게 살든, 여유롭게 느리게 살든, 결국 끝은 같다. 중요한 것은 '어떻게 살았는지.'에 대한 스스로의 평가일 것이다. 한

정된 시간 속에서 우리가 지녀야 할 태도는, 결과 못지않게 여정(旅情), 삶의 과정에 의미를 부여하는 일이다. 목표를 향해 나아가는 동안, 보람을 느끼고 자신만의 흔적을 남기는 것. 그것이 진정한 삶이 아닐까 생각한다. 지금 우리 사회는 익숙함에서 벗어나 새로운 전환의 시기를 지나고 있다. 과거의 질서가 무너지고, 새로운 가치와 질서를 향한 갈망이 곳곳에서 피어나고 있다. 그 중심에 있는 것이 바로 정보화 시대가 낳은 SNS(Social Networking Service)다. 이전에는 상상조차 어려웠던 방식으로 사람과 사람이 연결되고, 정치·경제·문화·일상에 이르기까지 새로운 커뮤니케이션의 장이 열리고 있다.

누구나 손쉽게 생각을 나누고 일상을 공유할 수 있게 되었지만, 그 이면에는 어두운 그림자도 함께 드리운다. 악의적 정보의 유포, 사생활 침해, 익명성을 가장한 언어폭력과 갈등. 정보가 곧 권력이 되는 이 시대에, 우리는 무엇을 보고 듣고 말할지 스스로 돌아봐야 한다. 우리는 지금 고도로 복잡한 산업사회의 중심에서 살아가고 있다. 빠르게 돌아가는 일상 속에서 시간적 여유는 물론, 정신적 풍요조차 점점 희미해지고 있다. 그 속에서 우리는 종종 자신이 누구인지조차 잊어버린 채 살아간다.

인디언들은 말을 타고 달리다 문득 멈춰 말에서 내린다고 한다. "내 영혼이 따라오고 있는가?"를 확인하기 위해서다. 이 단순한 행위는 오늘을 사는 우리에게 깊은 메시지를 던진다.

컴퓨터와 기계문명이 지배하는 이 시대, 우리는 과연 우리 자신을 알고 있는가?

내가 지금 생각하고 있는 것이 옳은가? 내가 하고 있는 행동은 떳떳한가? 나는 부끄럽지 않은 삶을 살고 있는가? 잠시 멈춰 서서 스스로에게 묻고, 돌아볼 여유가 필요하다. 보이는 것이 전부가 아닌 이 시대에서, 인간관계 역시 겉으로 드러나는 것 너머의 진정성과 깊이를 지녀야 한다. 내면의 소리에 귀를 기울이며, '나는 누구인가.'라는 물음에 삶으로 답할 수 있다면, 그 삶은 결코 헛되지 않을 것이다.

17. 사람답게 사랑으로

예로부터 사람됨의 근본은 '무엇을 먼저 하고, 무엇을 나중에 할 것인가.'를 분별하는 데서 시작되었다. 이 순서의 분별은 단순히 일의 효율성을 위한 것이 아니라, 한 인간이 인생을 어떻게 살아가야 할지 그 태도와 방향을 결정짓는 가장 근본적인 가르침이었다. 바로 이 '순서의 지혜'야말로 곧 '도(道)'의 핵심이자, 삶을 꿰뚫는 진리였다. 학문에 임하는 자세 역시 다르지 않다. 지식을 많이 쌓는 것만으로 만족할 수 없다. 그 밑바탕에 바른 근본을 세우고, 그 뿌리에서부터 차근차근 다져가는 과정이 필요하다. 정치, 행정, 학문, 사업 등 인간이 수행하는 모든 일에는 반드시 튼튼한 뿌리가 있어야 한다.

윤리의 근본에는 '효(孝)'와 '충(忠)'이 자리한다. 입신양명을 꿈꾸는 이라면 무엇보다 먼저 자기 자신을 수양하고, 덕을 기르는 데 부지런해야 한다. 공직자는 국민을 섬기는 자세를 갖추어야 하고, 지도자는 민심을 살피는 겸허함으로 무장해야 한다. 특히 민주주의 사회에서 중요한 것은 내 생각과 권리만큼이나 타인의 의견과 입장을 존중하는 태도이다. 다르다고 해서 무조건 틀렸다고 단정해서는 안 된다. 그 다름 속에서 조화를 이루어야 하는 것이야말로 건강한 공동체의 모습이다,

'화이부동(和而不同)'이라는 말처럼 "조화를 이루되 같아지려 하지 않는다는 것"이 민주주의의 가치를 잘 드러낸다. 고대 그리스의 철학자 아리스토텔레스는 "세상에서 가장 쉬운 일은 남을 비판하는

것이고, 가장 어려운 일은 자기 자신을 아는 것이다."라고 했다.

우리는 너무도 쉽게 타인을 판단하고 비판한다. 그러나 정작 자기 자신을 깊이 들여다보고 진심으로 성찰하는 일에는 서툴다. 오히려 자신을 아는 것이 가장 어렵다는 사실을 잊고, 무조건적인 자기 확신에 빠져 허우적거리기도 한다. 고집은 때로 우리 정신의 군살과도 같다. 그것은 세상을 있는 그대로 보지 못하게 하고, 자신만의 틀 안에 가둔다.

개인이나 집단이 자기 관점에만 사로잡히면, 대의적 통찰력은 흐려지고 본질을 잃기 십상이다. 그 결과 불필요한 갈등과 오해가 쌓이며, 소중한 기회마저 놓치고 만다.

무엇보다도 다르다는 이유만으로 남을 쉽게 비난하기 전에, 가장 어려운 일인 '자기 자신을 아는 것'에 익숙해져야 한다. 자기 성찰이 빠진 비판은 감정의 폭발로 변하기 쉽고, 감정은 곧 분쟁과 대립으로 이어진다. 성숙한 인간이 되려면 먼저 타인의 입장과 처지를 헤아리는 겸허한 자세를 가져야 한다. 우리는 사는 동안 끊임없이 스스로에게 물어야 한다.

"나는 과연 남의 잘못만 들추고, 내 장점만 내세우며 살아온 것은 아닐까?"

타인의 장점을 인정하고, 나의 부족함을 솔직히 인정하는 용기야말로 진정한 사람다움의 출발점이다. 그것이야말로 나 자신을 더욱 빛나게 하고, 내 삶의 가치를 높이는 첫걸음이 될 것이다. 삶의 덕목은 남을 탓하는 데 있지 않다. 오히려 나와 다른 존재를 인정하고, 그 다름 속에서 존중을 실천하는 태도 속에서 비로소 꽃핀다. 그렇게 살아갈 때 우리는 더 바르고 성숙한 길 위에 서게 된다. 이것이야말로 삶의 덕목을 알아야 하는 진정한 이유다.

인생이라는 긴 길 위에서, 우리는 매 순간 무엇을 먼저 하고, 무엇을 나중에 할지를 선택하며 살아간다. 그 선택들이 모여 우리를 이루고, 우리 사회를 만든다. 우리는 부단히 스스로를 돌아봐야 한다. 내가 걸어가는 길에 분명한 순서가 있는지, 그리고 그 길 위에서 나 자신과 타인을 진심으로 아우를 줄 아는 사람인지, 사람됨의 길은 멀고도 험하다. 하지만 그 길을 걸어가야 하는 것이 인간의 도리이자 살아가는 이유이기 때문이다.

18. 우리가 살아갈 이유

새로운 것에 대한 기대, 그리고 무엇인가를 갈망하는 마음은 인간 존재의 본질이다. 그것은 단순한 욕망이 아니다. 우리가 여전히 살아있음의 증거이며, 삶을 이어가는 깊은 원동력이다.

톨스토이는 말했다. "인간이 사는 이유는 사랑하기 위해서이다."

그의 말처럼, 인간은 사랑을 통해 존재의 의미를 발견하고, 그 사랑을 토대로 진정한 행복을 추구한다. 단, 그 행복에 이르는 길은 모두 다르며, 그 끝에서 마주하는 풍경 또한 각기 다르다. 행복은 육체와 정신, 두 세계가 조화를 이루는 순간에 피어난다. 그것이 사회라는 울타리 안에서 인정과 존중으로 구현될 때, 우리는 그것을 '보람'이라 부른다.

인간은 결코 혼자 살아갈 수 없다. 우리는 타인과 관계를 맺고, 소통하고, 때로는 충돌하면서도 함께 살아간다. 관계 속에서 우리는 존재의 이유를 확인하고, 인간다움을 완성해 간다.

그러나 오늘날 우리 사회를 둘러보면, 그 어디에서도 쉬이 평온을 발견하긴 어렵다. 범죄와 부조리, 비상식과 무질서가 그림자처럼 드리워져 있다. 타인을 존중하기보다는 배척하고 무시하려는 분위기는 더 깊어지고, 사람들 사이의 물리적 거리는 가까워졌지만, 마음의 벽은 더 높고 단단해졌다.

우리는 이 사회가 여전히 살아갈 만한 가치가 있는 곳이라 믿고 싶다. 상식이 통하고, 원칙이 지켜지며, 서로가 존중받는 사회는 우리가 포기해서는 안 될 보편적 이상이다. 그것은 단지 꿈이 아니라, 우리 모두가 함께 만들어가야 할 현실의 목표다.

사회가 평화롭지 않으면 개인의 평화도 요원하다. 그러나 아무리 사회가 평온하더라도, 자신의 마음이 어지럽다면 그 평화는 결국 허상일 뿐이다. 진정한 평화는 외적 조건이 아니라, 내면의 평온으로부터 시작된다. 현대 사회는 끊임없이 우리를 자기중심적 만족으로 유혹하지만, 참된 만족은 타인과의 협력과 공존에서 비롯된다. 인간은 공동체 안에서 함께 살아갈 때 비로소 진정한 행복을 느끼며, 사랑과 협동의 가치를 절실하게 깨닫는다.

우리가 지향해야 할 공동체는, 너와 내가 함께 만들고 함께 책임지는 세계 여야 한다. 그곳에서는 상식이 존중되고, 원칙이 통하며, 누구나 존엄한 존재로 살아갈 수 있어야 한다. 그런 사회를 꿈꾼다면, 우리 각자는 무모한 경쟁과 초조함을 경계하고, 자신 안의 평화를 지키려는 노력을 멈추지 않아야 한다. 자신의 마음을 미래의 이상에 연결해 보라, 그러면 현실의 고통조차 한 걸음 나아가기 위한 발판이 될 것이다.

자기 자신을 다스리고, 스스로를 지배할 수 있는 사람만이 끝내 무너지지 않는 평화를 가슴에 품을 수 있다. 그렇게 살아가는 삶은, 단지 생존이 아닌, 존엄한 자유인으로 서의 삶이 된다. 물론 여전히 우리 사회엔 크고 작은 범죄가 기승을 부린다. 그 배경에는 왜곡된 욕망, 이기심, 공동체에 대한 소외, 그리고 깊은 내면의 상처가 자리 잡고 있다.

전문가들은 이를 '사회에 적응하지 못한 개인의 내면적 불균형'

으로 진단한다. 하지만 그것은 단지 개인의 문제도, 산업화의 부작용만도 아닐 것이다. 공동체에 대한 소속감의 상실, 타인에 대한 공감 능력의 퇴색, 그리고 사랑을 통한 선의 실천이 사라져 가는 것 그것이야말로 가장 근본적인 위기다.

톨스토이는 《전쟁과 평화》, 《부활》 등을 통해 인간의 존재 목적은 선에 대한 희구라고 말하며, 그 선에 이르는 길은 바로 사랑의 실천이라고 강조했다. 그는 이렇게도 말했다.

"참된 행복은 신의 뜻을 따르는 데 있으며, 그 뜻은 서로를 사랑하고, 이웃을 내 몸처럼 사랑하라는 것이다." 그의 이 말은, 우리가 살아가는 오늘에도 여전히 유효하다. 우리가 누군가를 존중하려는 이유는, 사실 우리 자신도 존중받고 싶은 마음에서 비롯된다. '인간은 사회적 동물이다.'라는 말은 단순한 정의가 아니라, 인간이 공동체를 통해 비로소 완성된다는 깊은 진리를 담고 있다. 더불어 살아가는 사회란, 단지 함께 사는 것이 아닌, 함께 이해하고, 함께 감싸고, 함께 책임지는 것이다. 그런 사회는 각자의 생각과 삶이 보편적 상식과 맞닿을 때에만 가능하다. 모두가 힘겨운 현실을 살아가고 있지만, 그럼에도 불구하고 우리 곁에는 아직도 함께 살아가는 이웃이 있고, 서로를 향한 믿음이 있으며, 추운 겨울을 보내는 동안 포근한 봄을 기다리는 마음 같은 희망이 있다. 그러니 우리는 살아갈 이유를 충분히 가지고 있다.

19. 나는 누구인가.

　　우리는 살아가면서 내가 누구인가를 떠 올리기보다 상대가 누구이며 무엇을 하고 어떤 사람인가를 더 궁금하게 여기며 살아가고 있다. "나는 누구인가?", "나는 지금 무엇을 하며, 과연 잘살고 있는가?" 하지만 막상 이 질문에 선뜻 답하기란 쉽지 않다. 그렇다고 "잘 모르겠다."고 말하기엔 어딘가 궁색하고 무책임하게 느껴진다.

　　생각해보면, 우리는 나 자신조차 제대로 알지 못한 채 타인을 평가하고 판단하며 살아가는 경우가 많다. 그리고 그 평가의 기준은 결국 내 생각, 내 경험, 그리고 내가 가진 의식 수준일 뿐이다. 그렇다면, '내가 누구인지를 아는 일'이 곧 세상을 올바르게 바라보는 출발점이 아닐까 싶다. 우리는 자기 자신과 타인에게 서로 다른 잣대를 들이댄다.

　　나에게는 관대하고 나는 그렇게 해도 되지만 너는 그래서는 안 된다는 엄격하고 때론 가혹할 정도의 평가를 하게 된다. 사람은 각자 처한 환경도, 살아온 길도, 가치관도 모두 다르다. 누군가를 평가해야 할 일이 있다면, 적어도 보편적이고 객관적인 기준에서 바라보는 태도가 필요하다. '잘 산다.'는 것, '바르게 산다.'는 것에는 정해진 공식이 없다. 사람마다 삶의 방식이 다르고, 추구하는 목표와 가치가 다르기 때문이다. 그럼에도 불구하고 현실에 안주하지 않고 더 높은 가치를 추구하며 살아간다면, 때로는 역경이 찾아온다 해도 우리는 그것을 이겨내고, 오히려 보람된 삶으로 전환할 수 있다.

보람이란 거창한 일이 아니다. 자신이 하는 일에 자부심을 갖고 묵묵히 최선을 다하는 그 순간, 우리는 충분히 행복할 수 있다. 살아온 시간들을 되돌아보며 "나는 잘 살아왔는지."를 스스로에게 물을 때, 그 기준은 자신이 있었던 자리에서 얼마나 성실했는지, 또 그 자리를 떠난 후 어떤 뒷모습을 남겼는지에 있을 것이다. 삶의 품격은 나이가 들수록 더 중요해진다. 연륜만큼 요구되는 것은 바로 자기 진실에 대한 책임감이다.

흔히들 누군가를 속이려면 먼저 자신을 속여야 한다고 말한다. 그러나 진실하지 못한 태도는 결국 자신도, 타인도 불행하게 만든다. 더 큰 문제는, 자기 자신조차 자기 안의 거짓을 감출 수 없다는 사실이다. 그리하여 결국 누구에게도 신뢰받지 못하고, 그 사람의 말과 행동은 허위로 치부될 수밖에 없다. 자기 자신이 소중하다는 것을 안다면, 타인도 그만큼 소중하다는 사실을 인정해야한다. 그것이 바로 시민사회를 지탱하는 윤리의 출발이기도 하다. 젊은 세대도 마찬가지다. 새로운 시대의 가능성과 창의력을 꽃피우고자 한다면, 오랜 세월을 통해 삶의 깊이를 쌓아온 세대에 대한 존중과 배움의 자세를 잃지 말아야 한다.

우리 사회는 다양한 세대와 직업, 지역과 배경이 함께 어우러진 복합 공동체로 이루어져 있다. 그 다양성을 이해하지 못한 채, 좁은 관점으로 타인을 폄하하거나 시기·질투하는 것은 우리 사회 전체를 병들게 한다. 살아가면서 마음에 새겨야 할 덕목이 있다면, 나는 '정직'과 '겸손'을 꼽고 싶다. 성 어거스틴은 말했다. "최고의 덕은

첫째도 겸손, 둘째도 겸손, 셋째도 겸손이다." 인간관계의 질이 우리의 삶을 결정짓는다. 내가 진실하지 않으면서 타인의 진심을 기대할 수는 없고, 존중하지 않으면서 존중받기를 바랄 수도 없다. 삶은 서로를 비추는 거울이고, 진실한 나를 지키는 일, 그리고 품격을 잃지 않는 자세 그것이야 말로 지금 이 시대를 살아가는 우리 모두가 가져야 할 삶의 태도라 생각된다.

나는 나 혼자가 아니라 여럿이 함께 어우러져 살아가는 나로서 그 여럿 속에서 나의 존재를 확인하며 살아가는 사람 중 하나이다.

20. 내 안의 잠든 나를 깨운다.

우리 모두는 마음속에 자아를 품고 산다. 이 자아는 마치 내 안에 숨겨진 작은 우주처럼, 나의 삶을 완성하는 데 근원적인 힘이 되어준다. 사랑할 줄 알고, 용서할 수 있는 마음이 바로 이 자아에서 나온다. 또 인간답게 살아가도록 이끄는 양심의 뿌리 역시 여기서 시작된다. 양심은 단순한 도덕적 잣대가 아니라, 우리 존재의 중심을 지탱하는 밝은 빛과도 같다. 내 안의 살아있는 자아는 그저 존재만 하는 것이 아니다. 그것은 내면 깊이 숨어 있다가도 때때로 깨어나 나의 가치를 일깨우고, 현실과 맞서는 용기를 준다. 그리고 건강하게 삶을 살아가게 하는 원동력이 된다. 그래서 자아실현, 즉 '내가 나다워지는 과정'은 인생의 가장 본질적인 과제이다. 교육이나 윤리역시 결국은 '나 자신'을 온전히 깨우고 성장시키는 데 목적이 있다. 자아실현이라는 말에 대한 개념을 가장 먼저 이야기한 사람은 고대그리스의 철학자 아리스토텔레스다. 그는 인간의 본질을 '합리성'으로 보았고, 그 합리성을 발휘할 때 우리가 진정한 행복에 이를 수 있다고 했다. 이 말 속에는 묘한 진실이 담겨 있다. 자아는 우리를 현실과 마주하게 하고, 수많은 선택과 책임 앞에 세운다. 때로는 누구나 겪는 일이지만, 결코 모두에게 똑같이 주어지지 않는 각자의 고유한 질문들 말이다.

그렇기에 우리는 늘 배우고, 익히며, 실천하고 또 성찰해야 한다. 자아는 결코 높은 학벌이나 재산, 권력의 크기로 측정되지 않는다.

태어날 때부터 누구나 품고 있는 잠재력이며, 그 잠재력을 발견하고 실현하려는 갈망 속에서 자라난다. 도덕과 윤리 교육도, '나'라는 존재가 자신의 가능성을 찾고 삶의 주인이 되도록 돕는 여행이다.

우리는 혼란스러운 시대를 살고 있다. 코로나19를 계기로 사회적 단절, 사람과의 관계성, 정치적 혼란, 공공기관에 대한 불신이 이어지면서, 인간 존재의 의심과 회의감을 갖게 된다.

이런 시대에 다산 정약용 선생님이 『목민심서』에서 말한 '畏(외, 두려움)'의 정신이 더욱 와 닿는다. 공직자는 자신이 올바른 길을 가고 있는지 늘 두려워해야 하고, 법과 백성의 뜻을 저버리지 않도록 경계해야 한다고 했다. 이 말은 공직자뿐 아니라 우리 모두가 가슴에 새겨야 할 교훈이다. 공직자가 아니더라도, 자아실현의 길은 각자의 몫이다. 삶의 의미는 결과가 아니라 과정에 있고, 목적이 아니라 여정에 있다. 지루하고 단조로운 목표보다는, 그 길에서 마주하는 고민과 갈등, 선택과 성찰이야말로 인생을 진짜로 빚어내는 소중한 재료다.

삶의 혁명은 외부의 거대한 변화가 아닌, 내면 깊은 곳에서 일어나는 갈망과 깨달음에서 시작된다. 자기 자신을 끊임없이 돌아보고 성찰하는 태도가 진정한 등불이 되어, 나아갈 길을 밝혀준다. 우리에게 주어진 삶이란 스스로 빚어내는 완성의 여정이기 때문이다.

철학이 빠진 삶은 단순한 생물학적 존재에 불과하다. 지난 시간은 되돌릴 수 없고, 지나간 시간은 다시 오지 않는다. 그래서 자아실현을 위한 성찰은 한순간도 소홀히 해선 안 된다. 자신을 발견하고 정체성을 깨닫는 일, 그리고 자신의 몫에 냉철히 마주하는 용기가 진정한 성장의 시작이다.

우리 내면은 매일 조용한 변화의 물결로 요동친다. 그 속에서 우리는 내가 가야 할 길과 해야 할 일을 찾아낸다. 혼란과 상실의 시대일수록, 자기 내면의 목소리에 귀 기울이는 일은 더욱 절실하다. 오늘의 나는 누구인가? 나는 어디로 향하고 있는가?

이 질문에 정직히 답하려는 마음, 그것이 바로 내가 살아있음을 증명하는 것이고, 나를 깨우는 외침이라 생각된다.

2부

말, 관계 그리고 품격

21. 말 좀 잘하고 살자.

사람이 사람과 더불어 살아간다는 것은 곧 말과 더불어 살아간다는 뜻이기도 하다.

우리는 하루에도 수십, 수백 마디의 말을 하며 서로를 만나고, 이해하고, 상처 주기도 한다.

그렇게 말은 공기처럼 우리 일상 속에 스며 있으면서도, 때로는 칼보다 더 날카로운 상처를 남기기도 한다. 삶의 현장 속에는 유난히 남의 이야기를 좋아하고, 귓속말을 즐기며, 불필요한 오지랖을 사건처럼 키우는 사람들이 있다. 겉으로는 친근하고 관심 많은 사람인 척하지만, 그들의 말끝에는 종종 타인을 깎아내리는 독이 묻어있다. 그 내면을 들여다보면, 문화나 지성보다는 열등감과 허영심이 짙게 깔려있는 경우가 많다. 스스로의 부족함과 불안을 덮기 위해 남을 낮춤으로써 자신을 높이려는 안간힘. 그 모습은 어딘가 서글프면서도 씁쓸하다.

"빈 수레가 요란하다."는 옛말처럼, 속이 텅 빈 마음일수록 말은 더 시끄럽고 날카롭다.

우리는 감정을 지닌 사람이기에, 가끔은 속상하고 억울한 마음에 푸념을 쏟아낼 수도 있다. 말이라는 것이 언제나 고상하고 절제되어야 한다는 강박도 바람직하진 않다. 그러나 문제는, 우리가 '말의 무게'를 너무 가볍게 여기고 있다는 데 있다. 한 번 내뱉은 말은 되돌릴 수 없으며, 말에는 언제나 책임이 따라야 한다는 사실을 자주 잊는다. 유대인의 지혜서 "미드라시(Midrash)"에는 이런 말이 있다.

"험담은 세 사람을 죽인다. 말한 자, 들은 자, 그리고 대상자." 단한 마디의 말이 세 사람의 마음을 동시에 해친다는 경고다. 말은 단순한 의사소통의 수단이 아니라 인격이 담긴 행위이며, 때로는 사람의 정신을 무너뜨릴 수도 있는 강력한 도구다. 우리는 너무 많은 말을 하고, 너무 적게 생각한다. 그리고 그 말의 파장이 얼마나 넓게 퍼지는지는 미처 알지 못한 채 살아간다. 누군가의 한마디 말로 인해 평생을 함께한 관계가 멀어지거나, 깊이 믿었던 사람이 등을 돌리며 살아가게 되는 것도 말의 결과이다.

신뢰는 오랜 시간에 걸쳐 쌓이지만, 말 한 줄기로 무너지는 데에는 단 한순간이면 충분하다.

그리고 그 무너짐은 단지 감정의 문제를 넘어서, 법적 책임이나 사회적 신뢰의 손상으로 이어지기도 한다. 말이란 그렇게 무섭고도 무거운 것이다. 일본의 심리학자 시부야 쇼조는 "타인을 깎아내리는 사람일수록 사실은 칭찬받고 싶은 사람"이라고 했다.

겉으로는 냉소적이고 비판적인 말투를 입에 달고 살지만, 그 이면에는 인정받고 싶은 간절한 마음이 숨어 있다. 현실에서 자신의 존재감을 긍정적으로 확인받기 어려우니, 남을 깎아내리는 방식으로 자신을 드러내려는 것이다.

그것은 결국 낮은 자존감과 비교의식이 빚어낸 왜곡된 자기표현일 뿐이다. 우리는 살아가면서 말과 행동 사이의 간극을 실감한다. 말은 화려하지만 행동이 따르지 않는 이가 있고, 조용히 실천하지만 말을 아끼는 이도 있다. 그러나 말과 행동은 결코 별개의 것이 아니다.

진실한 사람은 말한 것을 지키려 하고, 말의 무게만큼 책임지려 한다. 말은 그 사람의 성품이자 의지이며, 말의 품격이 곧 사람의 품격이 된다. 돌이켜보면, 나 자신도 말의 무게를 온전히 감당하지 못했던 순간들이 있다.

무심코 던진 말이 누군가에겐 깊은 상처가 되었을 수도 있다는 사실을 시간이 흐른 뒤에야 깨닫곤 했다. 그럴 때마다 마음 한편에 조용한 후회가 밀려온다. 그래서 우리는 어떤 말을 어떻게 하여야 상대와 내 존재를 동시에 인정하며 사는 것인지 늘 고민하며 살아야 한다.

의미 없는 말보다는 조용한 배려가, 즉흥적인 발언보다는 깊이 있는 침묵이 더 필요할 때가 있음을 잊지 말자고. 말은 자신을 비추는 거울이다. 그러니 말의 무게를 경계하고, 그 무게만큼의 책임을 잊지 않아야 한다. 지금 이 순간에도, 내가 하는 말이 누군가에게 칼이 되지 않기를, 그리고 누군가의 마음을 살리는 따뜻한 숨결이 되기를 바란다.

22. 내 마음에 당신을 담고

인간은 "사회적 동물"이라 불린다. "사회적"이라는 말은 단순히 무리를 이루며 사는 것을 넘어선다. 우리는 언어를 나누고, 감정을 교류하며, 수많은 관계 속에서 삶을 영위해간다. 그 안에는 상식이 통하고, 공통의 규범이 작동하며, 서로의 차이를 인정하는 보편성이 담겨 있다. 그러나 타인과 더불어 살아간다는 것은 생각보다 훨씬 더 복잡하고 어렵다.

현실의 인간관계는 예측 불가한 감정과 이해관계, 각자의 가치관이 얽히면서 한 치 앞도 내다보기 어렵다. 때로는 아무리 선한 의도를 가지고 시작한 관계라도 오해가 쌓이고, 다름이 균열이 되며, 결국 상처로 번지기도 한다. 자연인이든 공인이든 관계의 본질은 동일하다. 수많은 변수를 안고 있는 것이 인간이며, 그렇기에 관계 속에서 완전함을 기대하기는 어렵다.

프랑스 작가 앙드레 지드(André Gide)는 "인간이 자기 안에서 느끼는, 남과 다른 점, 그것이야말로 인간이 가진 진귀함이며 각자의 가치를 형성하는 것이다."라고 했다. 우리는 서로 다르기에 의미가 있다. 그리고 그 다름을 불편함이나 위협으로 받아들이는 것이 아니라, 고유한 개성과 존재의 이유로 받아들일 때 비로소 건강한 공동체를 꿈꿀 수 있다.

그러나 타인의 다름을 받아들이는 일이 결코 쉽지 않다. 우리는 늘 자기중심적인 시각으로 세상을 바라본다. 내 생각이 옳고, 내 감정이 정당하며, 내 처지가 가장 힘들다고 느끼기 마련이다. 그래서 "입장을 바꾸어 생각해보라."는 말은 누구나 할 수 있지만, 실제로 그렇게 실천하는 사람은 드물다.

그렇기에 인생이 우리에게 내리는 가장 큰 과제는 어쩌면 "타인을 내 마음 안에 앉히는 일", 즉 "진심으로 이해하려는 자세"일지도 모른다. 단순히 생각해보는 것을 넘어서, 한 발짝 물러나 타인의 자리에 서보는 것. 그것은 지적 판단을 넘어선 감정의 훈련이며, 무엇보다 인격의 실천이다.

이해는 말보다 행동이 어렵다. 누군가의 아픔을 공감하려면 내 안의 고통도 직면해야 하고, 누군가의 선택을 존중하려면 내 기준을 한 번쯤 내려놓아야 한다. 말하자면 이해란 고상한 이론이 아니라 고요한 실천이다. 나를 잠시 접고, 상대를 바라보는 일. 그것은 단단한 의지와 따뜻한 품성을 필요로 한다.

한편, 우리의 일상은 그렇게 이해를 넉넉히 허락하지 않는다. 심리적 불안, 신체적 불편함, 불공정하다고 느끼는 상황, 그리고 무엇보다 비교로 인한 상대적 박탈감은 우리의 마음을 갉아먹는다. 특히 SNS가 일상화된 시대에는 타인의 화려한 일상을 들여다보며 본능적으로 나의 결핍을 더 크게 느끼게 된다. 그래서 "배고픈 건 참아도, 배 아픈 건 못 참는다."는 말이 회자된다. 내 고통은 견딜 수 있어도, 타인의 잘됨은 쉽사리 받아들여지지 않는다.

어쩌면 우리가 진짜로 힘든 이유는, 삶이 버거워서가 아니라 서로를 온전히 이해받지 못한다고 느끼기 때문인지도 모른다. 누구에게도 진심을 전할 틈이 없고, 누구에게도 속마음을 털어놓기 어렵고, 누구로부터도 깊이 있는 공감을 받지 못할 때, 사람은 점점 닫혀 간다. 이런 시대에, 이해하려는 태도는 그 자체로 하나의 용기이며 선물이다. 우리는 서로 다르고, 그 다름이 때로는 불편함이나 갈등을 낳는다. 하지만 그 다름을 인정하고, 이해하려는 마음이 모일 때 비로소 공동체는 살아 숨 쉴 수 있다.

우리는 스스로에게 물어야 한다. 나는 지금 내 주변 사람들의 삶을 진심으로 헤아려보고 있는가? 그들의 처지, 감정, 형편을 내 자리에서 바라보고 있는가? 혹시 내가 당연하다고 여긴 말 한마디가 누군가에겐 깊은 상처가 되진 않았을까? 혹시 내 선의가 타인의 입장에서는 부담이나 오해였던 적은 없었을까?

우리는 불완전한 존재다. 그래서 더더욱 서로에게 의지하며 살아가야 한다. 때론 그 의지가 굳건한 신뢰로 이어지고, 때론 사소한 오해로 무너지기도 한다. 그러나 중요한 건, 서로를 향해 마음을 여는 연습을 멈추지 않는 일이다. 이해하고, 용서하고, 다름을 껴안는 일. 그것이야말로 아름다운 삶의 모습이다. 말보다 마음을 앞세우고, 판단보다 이해를 선택하고 마음 한가운데에 상대의 처지와 모습을 앞혀두는 그런 사람이 되어야 한다. 그리고 내 몸처럼 아껴주는 마음으로 보듬어 주는 관계의 품격을 생각하게 된다.

23. 너와의 관계를 생각하다.

사람이 사는 세상이니, 사람이 중심이 되는 것은 어찌 보면 지극히 당연한 일이다. 그러나 요즘 들어 사람을 만나고 교제하는 일이 더욱 조심스럽고도 중요하게 다가온다. 단순히 인연을 맺는 것을 넘어, 그 관계 속에서 누구와, 어떻게 연결되어야 할지를 진지하게 고민하게 된다.

살다 보면 우리는 수많은 사람과 스쳐 지나가지만, 모두가 삶에 의미 있는 자취를 남기는 것은 아니다. 어떤 인연은 꽃처럼 피었다가 바람처럼 사라지고, 또 어떤 만남은 인생의 방향을 바꾸는 나침반이 되기도 한다. 그래서일까. 사람을 '가린다.'는 말은 단지 누군가를 거른다는 뜻을 넘어, 자신의 삶에 어떤 영향을 끼칠 수 있는지를 통찰하고 헤아린다는 뜻이 담겨 있다.

심리학자 에릭 에릭슨은 "인생과 사업에서 성공하려면 신뢰할 수 있는 사람과 그렇지 않은 사람을 구별할 줄 알아야 한다."고 했다. 그 말은 인간관계가 단지 감정의 유희가 아니라, 삶의 무게 중심을 좌우하는 중대한 문제임을 일깨운다. 의지할 수 있는 사람, 믿고 기댈 수 있는 사람을 곁에 두는 일은 인생에서 가장 지혜로운 선택 중 하나다.

그러나 현실은 그리 간단치 않다. 때때로 사람들은 관계를 자신의 입지를 위한 도구처럼 다룬다. 마치 병풍처럼, 겉으로는 곁에 두되 실제로는 배경처럼 소비해 버리는 것이다. 신뢰와 우정을 말하면서도 그 속에 담긴 진심은 얕고, 계산된 관계만이 남는 경우도 적지 않다. 이처럼 인간관계마저 이해득실로 따지는 풍조 속에서 우리는 사람 사이의 신의를, 관계의 본질을 다시 묻게 된다. 이런 생각을 하다 보면 자연스레 고전 속 인물들이 떠오른다. 중국의 고전『삼국지』는 전란과 혼란의 시대를 살아간 인물들의 이야기이지만, 그 안에는 인간과 인간 사이의 복잡한 관계, 신의와 배신, 지혜와 모략이 교차한다. 조조나 유비 같은 대영웅보다 오히려 그 곁을 지킨 책사들 "제갈량과 사마의"의 존재는 더욱 깊은 인상을 남긴다.

그들이 특별한 이유는 단지 뛰어난 전략가였기 때문만은 아니다. 그들은 한 시대의 흐름을 바꾸고, 나라의 운명을 좌우한 결정적인 인물들이었다. 유비가 제갈량을 얻기 위해 세 번이나 찾아갔다는 '삼고초려'의 이야기는, 사람을 알아보는 안목과 그 사람을 진심으로 얻기 위한 노력을 상징한다. 반면 사마의 는 냉정하고 치밀한 판단력으로 결국 진나라의 기반을 닦았다. 삼국지의 영웅이라 불리는 유비와 조조도 그 곁의 사람이 누구냐에 따라 역사의 무대 위에서 다른 결말을 맞이했다. 이러한 고전의 이야기들은 단지 먼 과거의 일화로만 남아 있지 않다. 오늘날의 정치, 경제, 사회 어느 분야를 들여다보더라도 '측근', '참모', '전략가'의 존재는 여전히 중요하다. 지도자의 능력 못지않게 그 곁에서 길을 제시하고, 때로는 방향을 바꾸는 이들의 존재가 결정적 역할을 한다. 어떤 사람을 곁에 두느냐의 문제는 오늘날에도 여전히 현재 진행형의 과제다.

오늘날 우리는 더 빠르게, 더 복잡하게 변화하는 세상 속에 살고 있다. 혼자의 힘만으로는 모든 것을 판단하고 감당하기 어렵다. 그래서 더더욱 사람의 지혜가 절실하고, 함께 고민을 나눌 수 있는 관계가 소중하다. 진심으로 믿을 수 있는 사람, 함께 나아갈 수 있는 동반자를 만나는 것, 그것이야말로 삶을 더 나은 방향으로 이끄는 가장 큰 축복이 아닐까.

이쯤에서 스스로에게 질문을 던져본다. 나는 어떤 사람을 곁에 두고 있는가? 나는 누구의 곁에서 어떤 역할을 하고 있는가? 그리고 나는 진심으로 누군가와 관계 맺고 있는가? 이 질문은 단순한 자기 반성에 그치지 않는다. 앞으로 어떤 삶을 살아갈 것인지, 어떤 사람들과 어떤 관계를 만들어갈 것인지에 대한 성찰이기도 하다. 사람은 사람을 통해 완성된다. 그리고 좋은 사람과의 관계는 인생이라는 항해에서 든든한 나침반이 된다. 이제는 나도, 나와 함께할 사람을 고를 줄 아는 지혜로운 항해자가 되고 싶다. 서로를 병풍이 아닌 벗으로, 수단이 아닌 동지로 대할 수 있는 그런 관계를 꿈꾼다. 인생은 사람과 사람에 대한 사연으로 이어진다.

24. 상식의 품격

사람은 혼자 살아갈 수 없는 존재이며, 본능적으로 누군가와 관계를 맺고, 소통하고, 연대하며 살아가도록 설계되어 있다. 그런데 이 당연한 명제가, 현실에서는 때로는 너무도 어렵고 복잡한 과제가 되어버리곤 한다.

'사회적'이라는 말 속에는 단순히 어울려 살아간다는 의미를 넘어, 상식이 통용되고, 공감이 가능하며, 조화로운 삶을 지향하는 인간 본연의 바람이 녹아 있다. 하지만 정작 우리가 살아가는 세상은 상식이 통하지 않는 장면들로 가득하다. 서로를 존중하기보다 깎아내리기 바쁘고, 공감보다는 오해가 앞서며, 조화보다는 경쟁이 우선시되는 현실. 그 속에서 상식을 지키며 살아간다는 것이 얼마나 어려운 일인지 절감할 때가 많다.

인간관계라는 것은 본디 단순한 규칙이나 도덕만으로 풀리지 않는다. 사람은 각기 다른 성장 배경과 가치관, 감정의 결을 지니고 살아간다. 프랑스의 문호 앙드레 지드는 "인간이 자기 안에서 느껴지는 남과 다른 점, 그것이야말로 인간이 지닌 가장 진귀한 것이며 각자의 가치를 형성하는 요소"라고 했다. 이 말은 다름을 이해하려는 태도, 다양성을 수용하는 마음이야말로 건강한 사회를 이끄는 밑바탕임을 일깨운다.

우리의 삶은 결코 예정된 흐름에 따라 흘러가지 않는다. 예측할 수 없는 변수들이 곳곳에 도사리고 있고, 때로는 나의 의지와는 전혀 상관없이 사건이 벌어지기도 한다. 그 속에서 우리가 붙잡을 수 있는 유일한 기준은 '자기 몫에 충실 하는 성실함'이다. 각자의 자리에서 책임을 다하고, 타인에게 피해를 주지 않으며, 맡은 일에 최선을 다하는 것. 그런 성실함은 상식의 또 다른 이름이다.

그런데 가장 어려운 일이 있다. 그것은 타인을 나의 처지에서 이해해보려는 마음을 갖는 일이다. 우리는 종종 "입장을 바꿔 생각해보라."고 말하지만, 말은 쉬워도 실천은 어렵다. 나의 아픔은 절절히 느껴지면서도 타인의 고통에는 무뎌지고, 나의 억울함에는 분노하면서도 타인의 사정은 외면한다. 하지만 그런 연습이야말로 인간다움을 지켜내는, 상식이 살아있는 삶의 태도라 생각된다.

누구나 삶을 살아가며 심리적 불안, 신체적 고통, 혹은 상대적 박탈감 같은 감정의 소용돌이를 겪는다. 그럴 때면 나도 모르게 피해의식에 사로잡히기 쉽다. "배고픈 것은 참아도 배 아픈 것은 못 참는다."는 말처럼, 내 결핍은 견딜 수 있어도 타인의 성공이나 행복은 때때로 시샘의 대상이 된다. 이처럼 인정의 부족은 관계를 어긋나게 하고, 상식을 무너뜨리는 원인이 되기도 한다.

상대를 인정하고 존중하는 것이야말로 건강한 관계의 출발점이라는 사실은 누구나 알고 있다. 그러나 현실에서 이를 실천하기란 쉽지 않다. 어쩌면 '나부터 먼저 존중받고 싶다.'는 내면의 욕구가 앞서기 때문일지도 모른다. 나의 고단함을 누구보다 먼저 이해해주기를, 내 아픔을 먼저 헤아려주기를 바라는 그 바람이, 나도 모르게 이기심이란 그림자를 만든다.

더 나아가, 세상에는 습관처럼 남을 헐뜯고, 근거 없는 이야기를 만들어 내며, 마치 그것이 일상인 듯 말하는 이들도 있다. 그런 사람들을 마주할 때면 마음이 씁쓸해진다. 배울 만큼 배우고, 부족함 없이 살아가는 것처럼 보이는 사람조차 왜 그렇게 남을 깎아내리는 데 열중할까. 겉보기엔 멀쩡한 사람인데, 입을 열기만 하면 독이 튀어나오는 모습을 보면, 언어는 그 사람의 품격을 말해주는 듯하다. 나에게 주어진 것들, 내게 없는 것보다 내게 있는 것들에 집중하며, 하루하루 성실히 살아가는 나의 삶에 의미를 부여한다. 누군가의 험담이 나를 흔들게 하지 않도록, 나는 더 단단해지려 한다. 상식은 무기력한 평범함이 아니라, 인간다움을 지켜내는 기본이기 때문이다. 복잡한 세상에서도 인간관계의 출발점은 '지극히 상식적인 마음'이라는 평범한 진리에서 시작된다. 상식을 품고 살아가는 삶, 그 안에서 타인의 존엄과 내 삶의 의미를 동시에 발견하는 것. 인간답게 사는 것은 지극히 상식적으로 사는 것이고 그것이 우리가 추구해야 할 사람다운 삶의 본 모습이라 생각된다.

25. 어른의 몫과 무게

사람들은 '어른'과 '노인'을 구분하지 않고 사용한다. 그러나 이 두 단어는 닮은 듯 다르다. 단순히 세월을 오래 산 사람을 어른이라 부르지는 않는다. 나이든 사람이 모두 존경받는 것은 아니며, 오래 산 세월이 곧 성숙을 의미하지도 않는다. '노인'이 생물학적인 시간의 누적이라면, '어른'은 삶의 태도와 책임감, 그리고 공동체 속에서의 품격을 말하는 이름이다.

현대 사회는 빠르게 고령화되고 있다. 인구의 상당수가 65세를 넘어서며 노인 비중은 날로 증가하고 있지만, 진짜 '어른'의 모습은 오히려 점점 찾아보기 어렵다. 언행은 유년기에 머물러 있고, 사고는 자기중심적이며, 사회적 책임이나 공감 능력은 찾아볼 수 없는 '어른아이'들이 점점 많아지고 있는 현실이 안타깝다. 나이는 들었지만 정신은 자라지 못한 이들 그들은 단지 나이만 많을 뿐, 어른이라고 부르기엔 뭔가 허전하다.

국어사전은 '어른'을 "다 자라서 자기 일에 책임을 질 수 있는 사람"이라 정의한다. 여기서 말하는 '다 자랐다.'는 것은 단지 신체적인 성장이 아니다. 오히려 인격적으로 성숙하여 타인을 배려하고, 공동체의 일원으로서 책임을 다할 수 있는 사람을 뜻한다. 즉, 어른은 사회적, 윤리적, 도덕적 기준에 부합하는 존재여야 한다. 그래서일까. 우리 사회에 벌어지는 수많은 갈등과 분열, 혐오와 적대는 결국 '진짜 어른의 부재'에서 비롯된 것이 아닐까 하는 생각이 든다.

영국 경제학자 토머스 그레셤이 말한 "악화가 양화를 구축한다."는 법칙이 떠오른다. 이는 화폐 이론에 국한된 것이 아니다. 사회적으로도 나쁜 태도와 왜곡된 가치가 바람직한 원칙을 밀어내는 일이 빈번히 발생하고 있다. 선량하고 성실한 사람들이 묵묵히 자기 자리를 지키려 해도, 오히려 무례하고 무책임한 사람들이 앞에 나서 목소리를 높이고 자리를 차지한다. 언로와 권력을 틀어쥐고, 법 위에 군림하며, 도덕을 비웃는 이들이 판을 치는 세상에서 정직과 품격은 설 자리를 잃는다.

더욱 씁쓸한 것은, 이러한 왜곡된 현실이 일상이 되어버렸다는 점이다. 법을 지키는 사람보다 법을 무시하는 사람이 오히려 '능력자'로 평가받고, 도리를 따르는 사람보다 요령을 부리는 사람이 '똑똑한 사람'으로 불린다. 그 결과, "유전무죄 무전유죄"라는 씁쓸한 진실에 더해 "유권무죄 무권유죄"라는 신조어까지 등장했다. 이는 단순한 유행어가 아니라, 다수가 느끼는 상실감과 분노의 표현이다.

어느 다큐멘터리에서 본 적이 있다. 아프리카 칼라하리 사막에 사는 '스프링벅(springbok)'이라는 산양 떼의 움직임이 인상 깊었다. 평소에는 풀을 뜯으며 평화롭게 지내던 양들이, 무리의 규모가 커질수록 초조해지며 앞을 향해 달리기 시작했다. 누가 먼저랄 것도 없이 서로 밀치며, 경쟁하듯 앞서 나가다가, 결국 눈앞에 펼쳐진 절벽도 보지 못한 채 몰려 추락하고 만다.

처음엔 생존을 위한 이동이었을지 모르지만, 어느 순간부터 목적은 사라지고 '남보다 앞서야 한다.'는 강박만이 남았다. 이 장면은 마치 지금의 우리 사회를 그대로 비추는 거울 같다.

누군가 이끄는 대로, 모두가 앞만 보고 달리다 어느 순간 길을 잃고, 방향을 잃고, 공동체 전체가 위태로운 낭떠러지 앞에 서 있는 모습 말이다. 그래서 우리에게는 "앞으로 가자."고 외치는 이가 아니라, "이 방향이 옳다."고 말해주는 이가 필요하다. 방향을 제시하고, 멈춰야 할 땐 멈출 수 있게 도와주는, 그런 사람이야말로 진정한 어른이다.

'리더'가 아닌 '이정표'로서의 어른, 권위가 아니라 권위에 걸맞은 품성을 갖춘 사람, 그런 이들이 많아져야 사회가 바로 설 수 있다.

나이가 들었다고 어른 대접을 받아야 한다는 생각은 이미 시대착오다. 돈이 많다고, 권력이 있다고, 힘이 세다고 해서 존경받는 시대는 끝났다. 나이가 숫자에 불과하듯, 어른도 생물학적인 나이만으로 결정되는 게 아니다. 존경받는 어른은 나이보다 태도가 먼저이고, 말보다 실천이 앞선다. 남에게 무엇을 가르치기 전에, 스스로를 돌아보고 공동체의 일원으로 책임을 다하려는 마음가짐이 전제되어야 한다.

이제 나 역시 그 어른의 길목에 서 있다. 단지 늙는 것이 아니라, '어른으로 살아가는' 것이 무엇인지, 스스로에게 묻는다. 어떤 어른으로 기억되고 싶은가, 어떤 모습을 남기고 싶은가, 누군가에게 닮고 싶은 어른이 되기 위해, 지금 나는 어떻게 살아야 하는가.

진짜 어른은 누군가의 손을 잡아 이끌어주는 사람이다. 낯선 길을 함께 걸어주는 사람이다. 그리고 그 길 위에서 함께 아파하고, 웃고, 책임지는 사람이다.

그런 어른이 되고 싶다. 늙은 사람이 아니라, 닮고 싶은 사람, 존경받을 수 있는 사람, 그렇게 '어른'이라는 이름을, 조용히, 그리고 무겁게 품고 살아야겠다.

26. 아니라고 말하는 용기

오래전 한 사회단체에서 국민들을 대상으로 실시한 설문조사가 있었다. 그 결과는 꽤 씁쓸했다. 국민 다수는 사회 부패의 가장 큰 원인으로 지연·혈연·학연, 이른바 '연고주의'를 꼽았다. 그리고 부패 집단의 순위로는 정치권, 언론, 공직사회가 나란히 이름을 올렸다.

정치권이야 본래 당리당략과 이념의 싸움터다. 옳고 그름의 기준이 다르고, 원칙조차 시시때때로 바뀌는 곳이니, 어느 정도는 그러려니 할 수도 있다. 그러나 문제는 언론이다. 사회의 눈이자 귀이며, 공적 책임을 가장 먼저 인식하고 실천해야 할 언론이 그 중심에 있다는 것은, 우리 사회의 도덕적 척도가 얼마나 흐려졌는지를 반영하는 거울일지도 모른다.

언론은 원래 '정론직필(正論直筆)', 곧 바른 이치를 곧은 붓으로 써야 할 사명을 지닌 집단이다. 그러나 요즘 언론은 때로 사실을 왜곡하고, 본질을 흐리며, 감시와 견제라는 본연의 역할을 외면하기도 한다. 진실보다 흥미를 좇고, 공익보다 클릭 수를 중시하며, 스스로 권력의 시녀가 되어버린 언론의 모습은 우리 사회의 민낯을 적나라하게 드러낸다.

그런 현실을 마주하며 문득 이런 생각이 든다. 모두가 '숙맥(菽麥)'의 시선을 지닌 것은 아닐까. '숙맥'이란 말 그대로 콩과 보리를 구분하지 못하는 사람을 뜻한다. 사리 분별력이 부족하고, 옳고 그름을 판단하지 못하는 어리석은 이들을 빗댄 말이다. 이 단어는 어느새 경음화 되어 '쑥맥'으로 발음되지만, 그 속뜻은 여전히 무겁고, 때로는 날카롭기까지 하다.

중국 진나라 말기 진시황제가 세상을 떠난 뒤, 아들 호해가 황제 자리에 올랐다. 그리고 그의 곁에는 조고(趙高)라는 환관이 있었다. 권력을 탐하던 조고는 가장 우둔한 자를 꼭두각시 황제로 앉힌 뒤, 실권을 쥐려 했다. 어느 날 조고는 황제 앞에 사슴 한 마리를 끌고 와 이렇게 말했다. "폐하, 이 말은 아주 좋은 말이옵니다." 황제가 이상하다는 듯 되묻자, 조고는 대신들에게 판단을 맡기자고 했다. 그 순간, 대신들은 세 부류로 나뉘었다.

첫째, 사슴인 줄 알면서도 목숨을 잃을까 두려워 침묵한 자들. 둘째, 위험을 무릅쓰고 "그건 사슴입니다."라고 진실을 말한 자들. 셋째, 사슴이라는 사실을 알면서도 조고의 눈치를 보며 "말입니다."라고 말한 자들. 바로 이 셋째 무리가 '숙맥'을 자처한 이들이었다.

살아남은 건 숙맥뿐이었다. 그리고 그 숙맥들이 이끈 사회는 겉으로는 조용했지만, 내부는 서서히 썩어갔다. 진나라는 결국 중국 역사상 가장 짧은 황제의 시대를 남기고 몰락했다. 거짓에 침묵하지 않고 일어선 이들이 역사의 수레바퀴를 움직이기 시작했기 때문이다.

지금 이 시대는 과연 어떤가. 우리는 사슴을 사슴이라 말할 수 있는가? 아니면 조고 앞의 대신들처럼, 때로는 침묵하고, 때로는 눈치를 보며 살아가고 있는 것은 아닐까.

살아가면서 가장 어려운 일 중 하나는 자신의 정체성을 분명히 드러내는 일이다. 요즘은 정치적 이념, 소속, 계층, 성향의 경계가 더욱 뚜렷해지고 있다. 내 생각을 말하는 일이 곧 누군가를 적으로 만드는 일이 되어버리는 세상. 말 한마디, 표정 하나로도 '편 가르기'가 시작되고, 그 틈 속에서 많은 이들이 본심을 숨긴 채 살아간다. 그러나 진정한 정체성이란 단지 생존을 위한 위장이 아니다. 그것은 내면 깊은 곳의 신념이며, 그 신념을 지키기 위한 용기다. 다름을 인정하되, 내 중심은 놓지 않는 것. 바람 부는 대로 흔들리지 않고 뿌리를 내리는 것. 그것이 진정한 자아의 실현이고, 인간의 존엄을 지키는 방식이다. 나는 숙맥이 되고 싶지 않다. 누군가의 뜻에 휘둘리기보다, 내 눈으로 보고, 내 판단으로 말하고, 내 신념으로 행동하고 싶다. 설령 그 길이 때론 불편하고 손해를 감수해야 하는 길이라 해도, 진실을 외면한 대가는 더 클 것이기에. 지금 우리에게 필요한 건 더 많은 정보가 아니다. 더 많은 목소리도 아니다. 사슴이 아니고 말(馬)이라고 말할 수 있는 그런 용기가 필요한 때이다.

27. 마음을 지킨다는 것

아침에 눈을 뜨면 먼저 확인하는 것 중 하나로 그날의 미세먼지 농도다.

보이지도 않는 먼지와 싸워야 한다는 생각에, 하루를 시작하기도 전에 숨이 턱 막히는 부담감이 밀려온다. 언제부턴가 우리의 일상은 견뎌야 할 싸움으로 가득 차 있다.

환경오염과 미세먼지, 경쟁과 비교, 끊임없는 평가와 기준들, 문제는 이 모든 것들이 직접 내 삶과 관련이 없다고 생각해도, 어느새 내 정신과 생활을 지배한다는 점이다.

뉴스를 틀면 쏟아지는 정치적 갈등과 사건·사고, 경제적 압박의 소식들은 나와 무관한 것처럼 느껴지면서도, 어느새 내 감정과 일상을 파고든다. 그들은 마치 깨진 유리창처럼, 작지만 결정적인 균열을 일으켜 내 삶 전체에 영향을 미친다.

1969년, 미국 스탠퍼드대학교의 필립 짐바르도 교수는 이 현상을 상징적으로 보여주는 실험을 했다. 뉴욕의 한 골목에 새 차를 세워두고, 일주일 동안 관찰했다. 차에는 아무 일도 일어나지 않았다. 하지만 같은 차의 유리창 하나를 깨뜨린 뒤 다시 두었더니, 불과 10분 만에 배터리가 사라지고 차 안에는 쓰레기가 쌓였다. 곧이어 도난과 파손이 이어졌고, 결국 차는 폐차 신세가 되었다. 단 하나의 작은 균열이 전체를 무너뜨린 것이다.

이 실험은 훗날 '깨진 유리창 이론'으로 불리며, 사회심리학에서 중요한 개념이 되었다.

우리의 삶도 마찬가지다. 한 번의 상처, 한 줄의 부정적인 기사, 한 마디의 조롱, 한 장의 고지서, 한 사람의 외면이 우리 마음의 자존과 평정을 흔든다. 작은 균열들이 쌓이고 쌓여, 결국 무너지는 것은 내 마음의 벽이다. 오늘도 이런 소식들로 가득한 세상 속을 살아간다.

그 안에서 존중받아야 할 내 감정조차 위축되고 작아진다. 현실이라는 이름 아래 무너져가는 마음을, 그 누구도 대신 지켜주지 않는다. 사회도, 제도도, 타인도 나의 마음을 대신 회복시켜주지 않는다. 그래서 마음이 지치고 귀찮아질 때면, 나를 다시 일으키는 것은 결국 나 자신의 회복 의지뿐임을 깨닫는다. 잠시 멈춰 서서 깊이 숨을 고르고, 내 안의 유리창 상태를 돌아본다. 작은 균열이 있다면 서둘러 보듬고, 더 이상 깨지기 전에 스스로를 돌보는 일이 필요하다.

우리가 해야 할 싸움은 세상이 아닌, 내 마음의 무너짐과의 싸움일지도 모른다. 회복이란 거창한 변화가 아니라, 스스로를 지키고자 하는 작지만 끈질긴 마음에서 시작되기 때문이다.

바람에 흔들리는 갈대처럼, 부서진 유리 조각처럼 흩어지지 않도록, 내 마음의 창을 살피고 닦아내는 일. 그것이야말로 오늘을 살아가는 진정한 힘일 것이다. 내가 지켜야 할 것은 결국 '나'다. 세상이 아무리 거칠고 험해도, 그 속에서 꿋꿋이 서 있는 나를 위해 오늘도 내 마음의 유리창을 닦아야 할 이유를 생각해본다.

28. 약속이라는 책임

'정보화 시대'를 넘어 '후기 정보화 사회'에 살고 있다고 말한다. 하지만 시대의 구분이 단지 시간의 흐름을 가리키는 것에 그치지 않는다는 점에서, 우리는 변화의 속도와 그에 따른 사회적 환경의 복잡성에 주목할 필요가 있다. 시시각각 쏟아지는 수많은 정보 속에서 우리는 끊임없이 선택하고 결정하며, 마치 시간을 다투듯 바쁘게 살아간다. 그 결과 과거와는 전혀 다른 감각으로 시간이라는 존재를 대하게 되었다. 그렇기에 오히려 이 빠르고 복잡한 시대일수록 '시간'에 대한 자기 점검이 더욱 중요하다. 시간은 흔히 과거에서 현재를 거쳐 미래로 나아가는 일직선의 흐름, 즉 비공간적 연속체로 여겨지지만, 그 본질은 그리 단순하지 않다. 우리가 아는 현대 물리학은 시간과 공간을 분리하지 않고 '시공간 연속체'라는 하나의 틀 안에서 이해한다. 이처럼 시간은 고정되고 일정한 것이 아니라, 우리 각자의 삶과 의지에 따라 다양한 의미를 갖는다. 그렇다면 개인에게 시간은 무엇일까?

숨을 쉬는 지금 이 순간부터, 삶이 멈추는 그 마지막 순간까지, 시간은 곧 생명과도 같다. 그토록 귀하고 한정된 시간을 우리는 너무도 쉽게 낭비하거나 가볍게 여길 때가 많다. 특히 우리 사회는 시간 개념에 관대하다 못해 흐트러진 모습을 보이기도 한다. 약속을 정할 때도 '두세 시쯤', '아침나절에' 같은 애매모호한 표현이 자주 쓰인다. 이는 단순한 개인의 자유가 아니라, 공동체 질서에 금이 가는 불명확한 습관이다.

약속은 단순한 일정의 조율에 머무르지 않는다. 그것은 신뢰의 상징이며, 건강한 공동체가 유지되는 최소한의 규범이다. 약속이 지켜지지 않는 사회는 점차 혼란에 빠지고, 사람들 사이의 신뢰는 무너져 간다. 약속은 '장래의 일을 서로 정하고, 이를 어기지 않기로 다짐하는 행위'이다. 중요한 것은 이 약속이 결코 일방적이지 않다는 점이다.

상대와 함께 맺은 합의이며, 한정된 시간이라는 자원을 공유하는 일이다.

그러니 약속은 반드시 지켜져야 하고, 혹여 변경이 필요하다면 최소한 사전 협의가 선행되어야 한다. 일방적으로 약속을 어기거나 '나중에 하면 되겠지.' 하는 안이한 태도는 그 자체로 약속의 가치를 훼손하는 것이다. 흘러간 시간을 다시 덧붙여도 처음의 진심과 신뢰는 되돌릴 수 없다. 독일 철학자 마르틴 하이데거는 "시간이 인간의 생을 지배하는 것이 아니라, 인간의 의지가 시간을 지배하고, 자각적인 결의가 시간의 내용을 창조한다."라고 했다.

우리에게는 무한한 시간이 주어지지 않는다. 그리하여 약속의 가치를 냉철히 인식하고, 그 실천에 충실한 태도야말로 우리 자신을 성장시키고, 후회 없는 삶을 만드는 든든한 기반이 된다. 바쁜 시대일수록 우리는 더욱 시간과 약속에 엄격해야 한다. 약속을 지키는 일은 단지 예의의 문제가 아니다. 그것은 타인에 대한 존중이며, 내 자신에 대한 책임의 표현이고, 더불어 살아가는 사회의 기본 질서를 지키는 길이다. '약속 지키기에 무디어 가는 무례함', 이것은 단순하고 사소한 태만이 아니라, 우리 공동체의 신뢰를 조금씩 갉아먹는 작은 균열이다.

우리는 내 삶의 시간과 약속을 다시금 진지하게 돌아볼 때다. 바쁘게 흘러가는 일상 속에서 자신과 타인의 시간을 귀하게 여기고, 서로의 약속을 존중하며 신뢰의 작은 다리를 매일매일 쌓아가는 일, 그것이야말로 바쁜 일상 속에서도 잃지 말아야 할, 우리 모두의 가장 소중한 삶의 틀이고 약속은 지켜야 할 책임이다.

29. 누구를 만날 것인가.

인생은 만남으로 시작되고, 만남으로 채워진다. 누구를 만나느냐에 따라 인생의 방향은 달라지고, 삶의 모습 역시 크게 달라진다. 때로는 반드시 만나야 할 사람을 만나 인생이 풍요로워지고, 때로는 만나지 말아야 할 사람과의 관계 때문에 마음 깊은 상처를 겪기도 한다.

또 어떤 사람은 만나야 할 사람을 만나지 못한 채 평생을 아쉬움 속에 살아가기도 한다.

이처럼 인간관계는 단순한 선택의 문제가 아니다. 내 의지로만 결정되지 않는 인연의 실타래 속에서, 좋은 사람과 맺는 관계는 커다란 축복이며, 서로를 이해하며 살아가는 삶은 진정한 행복이다. 특히 누구와 함께 일하고, 누구와 마음을 나누며 사느냐에 따라 우리의 삶은 상상 이상으로 변한다. 역사도 이를 증명한다. 약 2400년 전, 소크라테스와 플라톤의 만남이 그랬다. 플라톤이라는 제자를 만나지 못했다면, 그의 철학은 그저 한 시대 보통의 철학자 외침으로 사라졌을지도 모른다.

플라톤은 스승의 사상을 정리하고 널리 알리며, 서양 철학의 기틀을 세웠다. 그 결과, 수천 년을 넘어서 인류 사유의 흐름을 이끄는 위대한 유산이 되었다. 스승의 진심을 알아보고, 그 뜻을 넓히고 발전시킨 제자의 만남은 인류 철학의 역사를 바꾼 결정적 순간이었다.

독일 문학자 한스 카롯사는 "인생은 너와 나의 만남이다."라고 했다. 이 말은 인생의 본질이 결국 '관계'와 '소통'에 있음을 말해준다. 만남은 시작도 중요하지만, 진실한 교류로 이어질 때야 비로소 '좋은 만남'이 된다. 그리고 그 만남을 통해 서로의 삶이 더 깊어지고 성숙해진다.

이런 생각에 문득 떠오르는 작품이 있다. 제임스 힐튼의 소설 "굿바이, 미스터 칩스". 그곳에서 칩스 선생은 변함없는 사랑과 신념으로 제자들을 가르친다. 시대의 격변 속에서도 교육자로서 품위를 잃지 않는 그의 모습은 우리 모두 마음속 학창 시절 한 명쯤 있었던 스승을 떠올리게 한다. 진심 어린 애정과 유머, 그리고 인간미로 가득찬 칩스 선생의 이야기에 많은 이들이 깊이 공감하는 이유도 여기에 있다. 그렇다면 좋은 스승이란 무엇일까? 단지 지식을 전달하는 사람을 넘어, 삶의 방향을 제시하고, 상대의 가능성을 믿으며, 따뜻한 관심으로 성장의 발판을 마련해 주는 이가 아닐까. 스승의 사랑은 세심한 관심에서 시작된다.

진정한 사랑은 대상을 섬세하게 바라보며, 그 안에 숨은 가능성과 아픔을 함께 읽어내는 마음이다. 우리는 살아가면서 많은 사람을 만난다. 하지만 중요한 것은 그 만남이 얼마나 오래 지속되느냐가 아니라, 얼마나 깊이 서로 연결되었는가 이다.

특히 스승과 제자의 관계는 단순한 지식 전달을 넘어서, 삶의 본질을 함께 성찰하고 나누는 만남이어야 한다. 그러한 관계 속에서 제자는 인생의 길을 찾고, 스승은 자신의 삶에 보람을 느낀다. 좋은 스승으로 산다는 것은 결코 쉬운 일이 아니다. 끊임없는 자기 성찰과 진심 어린 관심, 그리고 사람을 향한 깊은 존중이 함께할 때에야 가능하다. 세월이 흘러도 누군가의 기억 속에 따뜻한 사람으로 남는 것, 그것이야말로 진정한 스승의 모습일 것이다. 인생은 결국, 만남의 연속이다. 그 만남 속에서 우리는 배우고 성장한다. 누군가를 만나 그의 삶에 스며들고, 또 내 삶에 누군가가 스며드는 것. 이것이야말로 인생이 주는 가장 큰 선물일 것이다.

30. 꼰대로 살지 않기

예전에는 나이가 많다는 사실만으로도 인정받고 존경을 받았다. 물론 사회적인 가치와 영향에 대한 일반적인 의미를 부여하는 것으로 그 연륜과 경험은 지혜의 상징이었고, 사회적 발언권도 그에 비례했다. 하지만 오늘날의 세상은 전혀 다르다. '나이는 숫자에 불과하다.'는 말처럼, 단지 나이가 많다고 해서 영향력을 행사하기란 쉽지 않은 시대가 되었다.

그 변화의 한가운데서, 과거 존경받던 '어른'이 때로는 불쾌한 존재인 '꼰대'라는 꼬리표를 달고 등장한다. 그렇다면 꼰대와 진정한 어른의 차이는 무엇일까? 나이가 들고 지위가 높아질수록 자신의 감정에만 충실하며, 타인의 입장을 헤아리지 않고, 일방적인 간섭과 지적을 일삼는 사람이 바로 꼰대다. 꼰대의 가장 뚜렷한 특징은 '자기 확신의 절대성'이다. 자신의 경험과 생각, 고집을 기준 삼아 모든 상황을 해석하고 판단한다. 물론 경험에서 우러난 조언은 때로 값지다. 그러나 그 조언이 상대를 배려하지 않고, 독선적 충고와 참견으로 변할 때 문제는 시작된다. 상대방은 불편함을 느끼고, 결국 관계는 서서히 멀어진다. 심리학에서는 이런 현상을 더닝 크루거 효과라 설명한다. 자신의 능력을 과대평가해 배우려 하지도, 배울 필요조차 없다고 착각하는 인지 편향이다.

나이와 지위에서 비롯된 '우월감'과 맞닿아 있기에, 스스로 옳다고 믿으며 다른 이의 말을 귀 기울이지 않는 태도는 결국 '꼰대'라는 낙인을 피할 수 없다. 흔히 "무식하면 용감하다."는 말이 있다. 충분한 지식 없이 자기 생각만을 고집하며 경솔하게 말하고 행동하는 이들은, 스스로의 실수를 인식하지 못한 채 남을 평가하는 꼰대의 전형이다.

그렇다면 진짜 어른은 어떤 사람일까? 한마디로 말해 자신의 말과 행동에 책임을 지는 사람, 즉 '나잇값'을 하는 사람이다. 말에 가벼움이 없으며, 타인을 존중하고, 말하기보다 듣기를 먼저 하는 이가 바로 어른이다. 입은 무겁고, 귀는 열려 있어야 한다. 더 나아가 인간관계에는 절대적인 잣대가 없다는 사실을 알고, 세상은 내가 아는 것보다 훨씬 넓고 복잡하다는 겸허한 마음을 지닌 사람이 진정한 어른이다. 우리는 살아가면서 자주 잊는다. 말보다 행동이 더 많은 것을 말해준다는 진실을. 세상은 내가 입으로 한 말이 아니라, 내가 실제로 행한 대로 평가한다. 나의 삶이 타인에게 어떤 영향을 미쳤는지, 얼마나 배려하며 살아왔는지가 어른과 꼰대를 가르는 중요한 기준이다. 꼰대가 되지 않으려면 끊임없이 배우고, 스스로를 돌아보아야 한다. 나이가 많다는 사실이 곧 지혜나 존엄을 보장하지 않으며, 그 깊이는 삶의 태도와 책임감에서 비롯된다는 것을 깨달아야 한다. 그래서 '나이 듦'은 숫자가 아닌, 내면의 깊이를 더하는 과정이다. 진정한 어른은 나이와 경험 위에 끊임없는 자기 성찰과 배움을 쌓는 사람이다. 그 길에서 우리는 존경받을 만한 존재로, 세상에 따뜻한 빛을 비추는 이로 성장한다.

꼰대로 살아가지 않기 위해 자신을 기억하고 돌아보는 것. 그것은 나이 듦에 대한 진정한 존엄이자, 나이 들고 늙어 가는 것은 모두가 걸어가야 할 당연한 삶의 길목이다.

31. 조화롭게 사는 것

복잡하고 다양한 사회 속에서 우리는 각기 다른 역할과 책임을 짊어지고 살아간다.

그 역할들은 단지 일상이 아니라, 나 자신의 존재 가치를 실현하는 방식이며, 삶을 구성하는 든든한 틀이다.

좋아서 하는 일이든, 해야만 하는 일이든, 때로는 원치 않지만 어쩔 수 없이 감당해야 하는 일이든, 우리는 그 안에서 기쁨과 고단함, 만족과 불만족이 교차하는 복잡한 감정의 물결 속에 놓여 있다.

이 복잡한 현실에서 가장 조심해야 할 것은, 바로 자신의 역할에 대한 자긍심을 잃고 끊임없이 억울함과 분노에 사로잡히는 마음이다.

그 감정은 "나는 어떻게 살아야 하는가."라는 근본적 질문을 더욱 무겁게 만들고, 자존감의 뿌리를 흔들며 현실을 냉소적으로 바라보게 한다. 하지만 바로 그때, 우리는 이분법적 사고의 틀을 깨고 더 넓고 유연한 시각으로 세상을 바라보아야 한다. 자신만의 내면세계를 단단히 세우고, 자기 성찰을 통해 성장의 길을 찾아야 한다. 높은 차원의 가치, 곧 현실을 넘어서는 이상과 꿈을 품을 때, 우리는 비로소 일상의 고통과 시련조차도 의미 있는 삶의 일부로 받아들일 수 있다. 그 삶은 쉽지 않지만, 고단하면서도 보람이 있다. 조화롭고 가치 있는 삶을 살기 위한 노력 하나하나가 우리의 존재를 더욱 빛나고 품격 있게 만든다. 무엇보다 우리는 자기 자신과의 약속을 반드시 지켜야 한다. 자기 품격을 지키는 첫걸음은 자신의 양심을 저버리지 않는 일이다.

남을 속이려면 먼저 자신을 속여야 한다는 역설적인 진실을 우리는 알고 있다. 그러나 진실하지 못한 삶은 결국 자신과 타인 모두를 파멸로 이끄는 깊고 뿌리 깊은 악이다. 거짓된 말과 행동은 신뢰를 무너뜨리고, 결국에는 아무도 우리의 진심을 믿지 않게 만든다.

사람은 혼자서 살아갈 수 없는 존재다. 사회란 타인과 더불어 살아가는 공간이며, 조화로운 관계 속에서 진정한 인간다움을 실현한다. 그렇기에 인간관계에서 서로 결합하려는 에너지가, 이반 하려는 힘보다 강해야 한다. 즉, 서로의 다름을 포용하고, 차이를 이해하며, 상대방의 입장을 존중하는 태도가 건강한 사회적 조화를 가능하게 한다. 자신이 소중한 존재라면, 타인 역시 존중받아야 할 동등한 존재임을 깨달아야 한다. 현대 시민윤리의 출발점은 바로 이 인식에 있다. 우리가 살아가는 사회는 단일한 실체가 아니다.

다양한 집단과 문화, 가치관이 어우러져 복합적으로 얽혀 있는 다원적 공간이다. 그 속에서 우리는 좁고 편협한 시선에 갇히지 않도록 경계해야 한다.

자신의 존재감을 드러내기 위해 막말을 퍼붓거나 비난으로 타인을 깎아내리는 일은, 결국 자기 자신을 해치는 행위이다. 말과 행동이 일치하고, 그 말에 책임감이 따르며, 상대에 대한 배려와 겸손이 깃든 표현만이 진정한 인격을 드러내고 우리를 빛나게 한다.

조화로운 언어와 존중의 태도는 단순한 덕목을 넘어, 함께 살아가는 사회를 건강하게 만드는 든든한 초석이다. 조화로움과 존중은 나와 타인의 존재를 함께 아름답게 세워가는 길이다.

그 길 위에서 비로소 우리는 진정한 인간다움과 평화를 경험할 수 있을 것이다.

32. 말의 온도와 무게

"세 사람이 우기면 없던 호랑이도 생긴다."는 속담이 있다. 없던 사실도 입에 오르내리면 어느새 '사실'처럼 굳어진다는 뜻이다. 여론의 무서운 힘을 경계하라는 옛 가르침이다. 말은 쌓이면 현실을 바꾸고, 넘치면 진실을 가린다. 그것이 바로 말의 속성이다.

히브리 격언에는 "가장 큰 고통은 남에게 말할 수 없는 고통이다."라는 말이 있다. 인간은 고독을 두려워한다. 단지 혼자 있는 상태가 아니라, 마음을 나눌 언어의 단절이야말로 가장 깊은 고립이다. 그래서 사람은 누구나 '말할 수 있음'을 통해 외로움과 싸우고, '들어주는 누군가'를 통해 삶을 견딘다. 우리는 말을 통해 감정을 나누고 관계를 맺는다. 시간과 경험, 정보와 감정이 말이라는 그릇을 타고 오간다. 그렇게 쌓인 것이 우정이고, 신뢰이며, 사랑이다.

그래서 가장 가까운 사람에게조차 털어놓지 못한 말이 가슴속에 내려앉으면, 그것은 삶의 가장 깊은 슬픔이 된다. 인간은 '말하는 존재'다. 그러나 말은 단지 입에서 나오는 소리가 아니다. 말에는 생각이 담기고, 의도가 녹아들며, 인격이 투영된다. 말은 곧 사람이고, 말은 곧 삶이다. "명심보감"에는 "깜빡이는 불티 하나가 넓은 숲을 태우고, 반 마디의 말이 평생 쌓은 덕을 허물어 버린다."고 했다. 단 한마디의 말이, 누군가의 하루를 밝히기도 하고, 한 사람의 인생을 무너뜨리기도 한다. 때로는 말 한마디가 천 냥 빚을 갚는다.

누군가에게는 작은 격려의 말이 인생의 전환점이 되고, 또 누군가에게는 무심한 말 한 줄이 평생 지워지지 않는 상처가 된다. 말의 힘은 그렇게 크다. 공자는 "군자는 말이 행동보다 앞서는 것을 부끄러워한다."고 했다. 말보다 앞서야 할 것은 진심이고, 말과 함께 가야 할 것은 행동이다. 진심이 빠진 말은 메아리처럼 공허하고, 행동이 따르지 않는 말은 허상처럼 사라진다. 말은 믿음을 입어야 빛이 나고, 삶을 따라야 힘을 얻는다.

우리는 '말의 시대'에 살고 있지만, 실상은 점점 더 '말이 사라지는 시대'를 살아가고 있는지도 모른다. 사람의 따뜻한 말 대신, 시스템과 알고리즘, 규정과 데이터가 인간의 판단을 대신한다. 말보다 숫자가 앞서는 시대, 감정보다 결과가 우선되는 세상에서 우리는 '마음의 체온이 느껴지는 말'을 그리워한다. 누군가를 알고 싶다면, 그가 어떤 말을 하며 살아가는지를 보라, 그 사람의 말투, 말의 내용, 말의 결이 곧 그 사람의 품격이고 세계다. 말은 일상이고 인격이며, 세상을 살아가는 방식이다. 그래서 우리는 기억해야 한다. 말이라고 다 말은 아니다. 해야 할 말, 해도 될 말, 하지 말아야 할 말. 그 경계를 알고 스스로 절제할 줄 아는 것이 성숙함이며, 말의 책임을 아는 태도가 곧 인격이다. 말이 칼이 될 수도 있고, 다리가 될 수도 있다. 칼은 관계를 끊고, 다리는 관계를 잇는다. 오늘 내가 건네는 한마디가 누군가에게 햇살이 될 수도 있고, 그늘이 될 수도 있다는 사실을 잊지 말고 말의 온도를 생각하자. 그리고 말의 무게를 헤아리자. 좋은 말의 표현은 사람을 살리고 사람답게 살아가는 또 다른 방법이다.

33. 말의 벽, 마음의 다리

　화려한 웅변이 넘쳐나고, 토론의 장은 열려 있지만, 정작 진실은 메아리처럼 사라진다.

　약속은 흔하되 믿음은 드물고, 논쟁은 넘치되 명쾌한 해답은 좀처럼 들리지 않는다. 이것이 오늘날 우리가 마주한 소통의 풍경이다. 말은 넘쳐나지만, 마음은 닿지 않는다. 결국 이 같은 말의 과잉은 '진정한 소통의 부재'라는 뿌리 깊은 문제로 이어진다. 그로 인해 우리는 수많은 기회비용을 허공 속으로 흘려보내고, 말과 말이 충돌하는 소리는 요란하지만, 마음과 마음은 끝내 만나지 못한다. 소통의 가장 근본적인 장애는 개인과 개인 사이에 감춰진 이기심의 계산에서 비롯된다. 더 나아가 집단 간 이해의 충돌은 두터운 벽을 쌓고, 그 위에 감정의 골이 더해지면 아무리 정의롭고 감동적인 외침이라 해도, 그것은 결국 공허한 메아리에 지나지 않는다. 무엇보다도, 사람의 마음을 얻는 일은 인생에서 가장 값진 보배다.

　인간의 마음은 섬세하고 깊기에, 진심에서 우러나오지 않는 말은 결코 상대의 마음을 울릴 수 없다. 피터 드러커는 "인간에게 가장 중요한 능력은 자기 표현력이며, 현대의 경영과 관리는 곧 커뮤니케이션에 달려 있다."고 했다. 말은 단지 정보를 전달하는 수단이 아니라, 마음을 건네는 행위이며, 삶의 실천이다. 그럼에도 언어가 제 역할을 하지 못하는 이유는, 대화의 일방적 횡포 때문이다. 자기 말만 앞세우고 상대의 말을 들으려 하지 않는 태도는 소통을 가로막는 가장 큰 벽이다. 국어사전은 '소통'을 "생각하는 바가 서로 통함"이라고 정의한다.

여기서 '통한다.'는 것은 단지 사고나 의견의 일치를 넘어서, 감정과 정서, 취향과 행동까지 공감하는 상태다. 그래서 진정으로 통하는 사람끼리는 굳이 많은 말을 하지 않아도, 함께 있는 것만으로도 마음이 놓이고, 마음이 가볍다. 하지만 우리 사회는 서구 문명을 빠르게 받아들이면서도, 인간 간의 건강한 토론 문화를 충분히 내면화하지 못했다. 기술은 앞섰지만, 마음은 여전히 서로를 향해 닫혀 있다. 소통을 외면하는 사회는 언젠가 반드시 그 대가를 치른다. 잠시 유리한 선택처럼 보일 수 있지만, 결국 그것은 공동체 전체에 고통과 균열을 남긴다.

이성적 토론을 통해 옳고 그름을 가리고, 찬반의 입장을 밝히되, 다른 목소리에도 귀를 기울일 수 있는 열린 태도가 필요하다. 그러나 우리는 너무 쉽게 '다름'을 '적대'로 오인한다.

그 결과, 일방적 지시와 훈계가 난무하고, 반대편에서는 집단 성토와 비난이 소나기처럼 쏟아진다. 이처럼 자만과 편견이 지배하는 풍토 속에서, 진실을 꿰뚫는 비판력과 자신을 성찰하는 균형감 있는 시선이 절실하다. 남의 눈 속 티끌만 보려 하지 말고, 자신의 눈 속 대들보를 먼저 볼 수 있어야 한다. 설령 어느 한 편을 지지하더라도, 다른 쪽의 이야기를 경청하고, 조정하고, 설득하는 리더십이 필요하다. 사람 간의 소통 부재는 감정의 골을 만들지만, 사회적 소통의 단절은 연대를 허물고 공동의 목표를 잃게 만든다. 토론이 경쟁처럼 느껴지고, 분위기가 집단적 신경증으로 흐르더라도, 그 안에서 균형 잡힌 판단을 지키는 일은 반드시 필요하다. 자기 확신에 도취하거나, 냉소적 비관에 빠져서는 안 된다. 우리가 추구해야 할 소통은 상대를 꺾고 이기려는 말의 전투가 아니라, 자신의 진심을 담아 보여주고 선택받는 설득의 예술이다. 장자는 "타인을 타인으로 인정할 때 진정한 소통이 가능하다."고 했다.

진정한 소통은 자신의 고집을 내려놓고 타인을 이해하려는 마음에서 시작된다.

그때 비로소 말은 벽이 아닌, 마음의 다리가 된다. 우리가 회복해야 할 것은 듣는 능력이며, '말'보다 앞서 준비되어야 할 것이 있다면, 그것은 바로 상대의 마음을 헤아릴 줄 아는 마음이다.

34. 인정받기 위해 산다.

사람은 누구나 타인으로부터 존중과 인정을 받고 싶어 한다. 이는 인간이 사회적 존재로서 살아가는 데 꼭 필요한 감정이자 욕구다. 존중은 상대를 귀하고 소중한 존재로 대우하는 태도이며, 인간이기에 마땅히 받아야 할 절대적인 권리다. 그러나 인정은 조금 다르다.

그것은 자신이 한 일, 남긴 성과, 공동체에 기여한 바에 대해 타인이 부여하는 상대적인 가치다. 우리는 때로 자신이 충분히 노력했음에도 타인에게서 인정을 받지 못할 때 실망하거나 분노한다. 하지만 그 실망을 상대에 대한 비난이나 억지스러운 요구로 표출해서는 안 된다.

인정은 애써 구걸한다고 해서 얻어지는 것이 아니기 때문이다.

컴퓨터와 인공지능의 발달은 인간의 삶을 편리하게 만들었지만, 동시에 인간성의 그림자를 드리운다. 물질문명의 외형은 화려해졌으나, 그 속에 담긴 정신적 공허는 점점 더 깊어지고 있다. 우리는 인간다운 삶의 의미에 회의하며, 사고하는 존재로서의 인간성마저 흔들리고 있는 것은 아닌가. 겉은 화려하나 속은 비어버린, 형식뿐인 피상적인 삶을 살아가고 있는 듯하다.

그 결과 인간의 존재 가치와 존엄성은 점점 가벼워진다. 사람은 결국 관계 속에서 살아가는 존재다. 그 관계의 중심에 있는 것이 존중과 인정이며, 이 두 가지는 진정한 인간성을 구성하는 가장 기본적인 축이다. 그러나 현실 속 인간관계는 만만치 않다. 상처받고, 오해하고, 때로는 고립되기도 한다. 이럴 때 우리가 붙잡아야 할 가장 중요한 자질은 상대를 향한 존중이다. 존중은 단지 예의의 문제가 아니다. 그것은 타인의 존재를 인정하는 근본적인 태도이며, 그로부터 신뢰와 이해가 자라난다. 존중은 상대를 향한 마음에서 출발하지만, 결국 자신을 향한 성찰로 되돌아온다. 내가 존중받고 싶다면, 먼저 존중할 줄 알아야 한다. 그것은 삶의 지혜이자, 인간관계를 건강하게 만드는 최소한의 도리다.

우리는 본질보다 겉모습을, 내용보다 기교를 추구하는 시대에 살고 있다. 인간 내면의 가치보다 외형적 기술과 포장에 더 많은 시간과 노력을 들인다. 당장은 그럴듯해 보일지 몰라도, 시간이 흐르면 삶의 공허함은 더 깊어지고, 인간성은 메말라간다.

아프리카의 성자, 알베르트 슈바이처 박사는 그의 "생명 경외"에서 "나는 살려고 애쓰는 생명들 사이에서, 살려고 애쓰는 하나의 생명이다."라고 표현했다. 그는 모든 생명은 존중받아야 하며, 이를 인식하는 것이 윤리의 출발이라고 했다.

인간은 자신의 생명뿐만 아니라, 타인의 생명 또한 살아있으려는 의지를 지닌 소중한 존재로 바라볼 수 있어야 한다. 그럴 때 비로소 우리는 선을 행하고, 악을 멀리할 수 있는 존재로 거듭날 수 있다. 사람이 짐승과 다른 점, 바로 존중할 줄 알고 인정받고 싶어 하는 마음을 지녔다는 데 있다. 그리고 그 욕구는 결국 더 나은 자신이 되고 싶은 간절한 의지의 다른 표현이다. 정치는 복잡하고, 기술은 점점 더 인간을 밀어내고 있지만, 그럼에도 존중과 인정의 가치는 여전히 살아 있는 사람들 속에 숨 쉬고 있다.

인간만이 지닌 고귀한 감정이기에, 우리는 끝내 그것을 포기해서는 안 된다. 인정받고 싶다면 먼저 자신이 누군가에게 인정받을 만한 사람인지 스스로에게 물어 봐야 하고, 존중받고 싶다면 지금 곁에 있는 사람을 먼저 존중해 보자. 그렇게 시작된 작은 태도 하나가 사람들로부터 자신이 인정받고 있고 소중한 존재로 여겨질 수 있을 것이다. 인정받을 만한 언행의 습관과 더불어 상대의 낮고 높은 귀하고 천한 것을 가리지 않고 존중할 수 있는 마음을 가졌을 때 인정받을 수 있음을 기억하고 살자.

35. 다름을 품고 살자.

우리는 '다원화의 시대'에 살고 있다. 대부분 이 말에 공감할 것이다. 다원화란 문자 그대로 '여럿이 됨', 혹은 '여럿이 되게 함'을 뜻한다. 이는 다양한 사람들과 그들이 속한 여러 집단이 경쟁하고 협력하며 사회를 이끌어 가는 현실을 의미한다. 다원주의는 '다름'을 인정하고 존중하는 데서 출발한다. 특정 가치관이나 이념에 기반한 주장일지라도 절대적으로 수용되거나 강요될 수 없다. 다양한 의견이 부딪히고 조정되는 과정을 거쳐야 하며, 그 속에서 바람직한 해답을 찾아가는 것이 다원주의의 전제다. 다원주의는 다양성을 인정하고, 나아가 더욱 확장시키는 데 가치를 둔다. 우리는 혼자 살아가는 존재가 아니다.

너와 내가 만나 서로 도움을 주고받고, 때로는 상처를 주고받으며, 본의 아니게 손해를 입히거나 입기도 한다. 이런 관계망 속에서 우리가 '인간'으로 존재한다. 하지만 인구 증가와 사회 복잡성, 기술 발달에 힘입어 인간관계는 점차 계산적이고 합리적이며, 동시에 개인주의적으로 변모하고 있다. 과거 사람들은 '남을 먼저 생각하는 마음'을 미덕으로 삼았다.

심지어 자신을 모욕하거나 비방하는 이에게도 예의를 갖추라고 가르쳤다. 근거 없는 비난에도 상대의 입장을 헤아리고 이해하며 용서하는 삶의 철학이 그 시대 인간관계의 근간이었다.

그러나 오늘날의 다원화 사회는 어딘가 편향되고, 때로는 편협하다. 각자의 주장에는 나름의 논리가 있으며, 어떤 것은 진실처럼 포장되기도 한다. 시간이 지나 냉정한 눈으로 돌아보면, 정의보다 이해관계, 다수의 이익보다 소수의 명예가 우선된 역사적 사례를 어렵지 않게 찾아볼 수 있다. 역사는 단순한 과거 기록이 아니다. 오늘날 우리에게 제도적 자기반성과 사회적 성찰의 거울 역할을 한다. 오늘 우리가 살아가는 하루 또한 내일의 역사가 될 것이다.

우리는 다양성과 다원화의 파도 속에서 살아간다. 사회는 복잡해지고 전문화되었으며, 교육 수준 또한 과거에 비해 높아졌다. 그만큼 각 개인은 다양한 가치와 이익을 추구한다.

그러나 이런 다양성 속에서도 인간은 쉽게 자기중심적 우월감에 빠지기 마련이며, 자신의 입장만을 절대화해 타인을 무시하는 오류에 빠지기도 한다. 이럴 때일수록 우리는 '중용(中庸)'의 미덕을 되새겨야 한다. 중용은 무조건적인 타협이나 회피가 아니다.

상황에 따라 옳고 그름을 분별할 줄 아는 균형감이며, 다양한 시선을 통합하는 지혜다.

다양한 의견이 공존하려면 최소한의 기본 가치와 관용이 필요하다. 이 두 가지는 서로 다른 생각조차 하나의 방향으로 모이게 하는 힘이 있다. 관용이란, 내가 싫어하는 대상조차 존재 자체로 인정하는 것이며, 그 인정에서 비로소 조화가 시작된다. 오늘날 우리가 마주한 시대의 당위성은, 결국 '인간이 어떻게 평화를 이루고 공존할 것인가.'라는 근본적 질문으로 이어진다.

다원화와 다양성이 뒤섞여 혼란과 갈등을 낳는 이 시절, 우리는 다시금 '역지사지(易地思之)'의 정신을 되새길 필요가 있다. 서로의 입장을 헤아리고, 기본적 예의와 관용을 지키는 태도가 사회 전체의 조화를 이룰 토대가 된다. 인간관계는 결국 '나'와 '너'의 이야기다. 그리고 그 이야기가 아름다운 결말을 맞이할 수 있도록 만드는 힘은, '다름'을 '조화'로 바꾸는 따뜻한 시선과 행동에서 나온다. 서로의 다름을 품고, 존중하며, 관용으로 이어질 때, 다원화의 복잡한 시대가 평화롭고 성숙한 사회가 될 것이다.

36. 품격 있이 사는 것

말은 단순한 소리가 아니다. 그것은 한 사람의 인격과 품격을 드러내는 거울이며, 때로는 삶의 방향을 바꾸는 결정적인 힘으로 작용한다. "말이 씨가 된다."는 속담처럼, 우리가 내뱉는 말 한마디 한마디는 미래의 열매가 되어, 삶과 관계의 성패를 가른다. 긍정적인 언어는 자신과 주변을 밝히는 등불이 되지만, 부정적인 말은 그림자처럼 인간관계와 분위기를 무겁게 짓누른다. 말은 단순한 소통의 도구를 넘어, 내면을 비추는 창이자 사람과 사람을 잇는 다리이기도 하다. "말 한마디로 천 냥 빚을 갚는다."는 속담이 있는가 하면, 한 순간의 부주의한 말이 평생의 인연을 끊는 화근이 되기도 한다. 말의 품격은 곧 사람의 인품과 직결된다. 그렇기에 말의 힘을 간과해서는 안 된다.

고대 철학자들도 언어의 가치를 깊이 인식했다. 공자는 "말은 뜻을 전달하면 그만"이라며, 화려한 표현보다 진심과 절제가 담긴 말이 더 중요함을 강조했다. 소크라테스는 말을 배우기 전에 절제하는 법부터 익혀야 한다고 했는데, 이는 '과유불급(過猶不及)'의 가르침과 맞닿아 있다. 말을 많이 하는 것이 관계를 깊게 만드는 것이 아니라, 오히려 신중하고 절제된 언어가 진심을 전하고 신뢰를 쌓는 데 더 효과적이기 때문이다.

품격 있는 말은 무엇보다 상대를 배려하는 데서 출발한다. 하고 싶은 말을 모두 쏟아내기보다, 상대가 숨 쉴 수 있는 여백을 남기는 것이 진정한 고품격 언어다. 나이가 들고 인간관계가 복잡해질수록 중요한 것은 말의 기술이 아니라 '말의 온도'다. 같은 내용이라도 표현 방식에 따라 상대의 마음을 열 수도, 닫을 수도 있다.

"왜 그렇게 느리냐."는 비난의 말 대신 "조금만 더 힘내면 좋겠다."라는 격려의 말 한마디가 상대를 용기 있게 만든다. 이런 작은 언어의 차이가 관계의 깊이를 결정짓는다.

역사 속 위대한 지도자들은 언어의 힘을 누구보다 잘 알았다. 제갈량은 신중한 말 한마디로 전쟁을 피했고, 세종대왕은 따뜻하고 배려 깊은 언어로 백성의 마음을 얻었다. 반면, 가벼운 말실수나 경솔한 언사는 여론의 질타를 받고, 개인과 사회에 큰 상처를 남기기도 했다. 오늘날에도 공인들의 실언은 사회 전반을 흔들며, 그 여파가 오래도록 이어진다. '말은 칼보다 강하다.'는 말처럼, 한 번 뱉은 말은 다시 주워 담기 어렵기에 더욱 신중해야 한다.

말공부는 단순히 말재주를 배우는 것이 아니다. 그것은 내면을 가꾸고, 타인을 존중하는 마음가짐을 키우는 삶의 수련이다. 말버릇은 곧 사람 됨됨이를 드러낸다. 부정적인 언어를 습관처럼 사용하면 자신도 모르게 부정적인 사람이 되고, 주변 분위기까지 어둡게 만든다. 반대로 긍정적이고 따뜻한 말은 나와 타인 모두에게 선한 영향력을 미친다.

심리학 연구에 따르면, 긍정적인 언어는 스트레스를 줄이고 인간관계를 원만하게 만드는 데 도움을 준다. 말의 품격을 높이는 일은 단순한 언어 습관의 문제가 아니라, 개인의 인격과 공동체의 건강성을 함께 키우는 길이다.

말 한마디가 누군가를 살릴 수도, 깊은 상처를 줄 수도 있다. 그렇기에 우리는 매일 자신이 내뱉는 말의 무게를 되새기고, 말의 품격을 가꾸는 데 힘써야 한다. 말은 내면의 진심을 담는 그릇이며, 말하는 사람의 영혼이 담긴 생명의 실체다.

이러한 언어의 힘을 바르게 사용함으로써, 우리는 자신을 성장시키고 더 나은 사회를 만드는 첫걸음을 내딛을 수 있다. 말의 품격이 높아질 때, 진정한 소통과 공감을 통해 서로의 마음을 잇는 세상을 살아 갈 수 있을 것이다.

37. 존중은 인간다움이다.

19세기는 신(神)의 죽음을 선언한 시대였다면, 20세기는 인간의 죽음을 고백한 시대였다. 그 어두운 고백 위에 현대 문명은 빠른 속도로 질주하고 있다. 21세기의 과학기술은 놀라운 혁신과 가능성을 우리 앞에 펼쳤지만, 그 이면에는 인간성의 붕괴라는 심각한 그림자가 함께 드리워져 있다. 인공지능, 생명공학, 디지털 기술 등은 우리의 삶을 편리하게 만들고, 새로운 차원의 문명을 여는 도구임에 틀림없다. 하지만 그 기술들이 인간다움의 본질을 지켜주지 않는다면, 우리는 어느새 인간성을 잃은 기계와 같은 존재가 되어버릴지도 모른다. 기술의 진보는 결코 도덕과 윤리의 진보를 자동으로 수반하지 않는다. 외형적 성과만을 좇는 사회 속에서 인간은 점차 비인격화되고, 본연의 깊은 의미를 잃은 단편적인 존재로 전락하고 있다. 한때 인간은 숭고하고 고귀한 존재로 여겨졌다. 그러나 오늘날 그 정의조차 흔들리고 있다. 뛰어난 사고 능력은 사람을 더욱 성숙하게 이끄는 대신, 자신과 타인을 끊임없이 평가하고 비난하는 칼날이 되기도 한다. 진실한 삶은 점점 피상적이고 맹목적인 성공에 밀려난다. 인간의 본질과 존재의 가치는 점점 가벼워지고, 삶은 내용 없는 형식만을 좇는 공허한 껍데기로 변해간다.

현대 사회는 겉으로 보이는 성공과 효율을 최고의 가치로 삼는다. 학벌, 직위, 재산과 같은 외적 조건들이 사람의 가치를 결정짓는 절대적인 잣대로 자리 잡고 있다. 그러나 그것들은 단지 겉모습일 뿐, 인간의 참된 가치는 그 내면에 깃든 윤리, 삶에 대한 태도, 그리고 타인에 대한 배려와 존중에서 비롯된다. 내면보다 외형을, 본질보다 기교를 중시하는 풍조는 결국 우리 영혼을 메마르게 만들고, 사회를 병들게 한다. 우리는 '존엄'이라는 단어를 자주 입에 올리지만, 그 무게를 진심으로 실천하는 일에는 미흡하다. 생명은 단순한 수단이 될 수 없으며, 어떤 기술도 생명을 도구로 전락시켜서는 안 된다. 인간의 존엄은 생명의 고귀함에서 출발한다. 따라서 우리는 생명의 존엄함을 깊이 깨달아야 하며, 그 깨달음 없이는 인간성 회복의 실마리를 찾을 수 없다. 인간이 특별한 이유는 정신적 가치와 생명의 소중함에 있다. 어떤 가치관을 품고 살아가느냐가 곧 그 사람의 진정한 가치를 가늠하는 척도가 된다. 타인의 생명을 경시하고 무시하는 태도는 어떤 사회적 성과나 지위보다도 무가치하다. 오히려 그럴수록 우리는 더 큰 경계심과 책임감을 가져야 한다. 존중의 시작은 나 아닌 존재를 향한 따뜻한 시선에서 비롯된다. 그것은 사회를 지탱하는 근본적인 힘이며, 공동체를 지속 가능하게 만드는 밑바탕이다. 진정한 윤리는 법률과 규칙에서 나오기보다, 각 개인의 양심에서 나온다. 그리고 그 양심은 타인을 고귀한 존재로 바라보는 마음에서 자라난다. 이 감수성을 잃는다면, 그 어떤 과학이나 문명도 인간의 행복을 담보할 수 없다. 존중하지 않는 자는 결국 존중받지 못한다는 냉엄한 진리는 변하지 않는다. 오늘 우리가 누리는 권력이나 우월감도 영원하지 않다. 존중은 단순한 예절이나 형식이 아니라, 인간 존재 그 자체를 향한 윤리적 태도이며, 더 나은 사회를 이루는 근본 원리이다. 우리는 존중받기 위해서가 아니라, '인간이기에' 존중해야 한다. 그 자체가 바로 인간다움의 시작이다. 타인을 진심으로 존중하는 순간, 우리 사회는 따뜻한 공동체로 거듭날 수 있다. 그리고 그 공동체에서 우리는 서로에게 힘이 되고, 진정한 삶의 의미를 발견할 수 있다. 현대의 문명과 과학은 수많은 가능성을 열었지만, 그것이 인간성을 대신할 수는 없다. 인간다운 삶이란 기술의 발전이 아니라, 서로를 향한 존중과 배려가 있을 때 비로소 완성된다. 그러므로 우리는 기술과 문명의 속도에 휘둘리기보다, 인간의 존엄을 굳건히 붙들어야 한다. 마지막으로, 존중의 가치를 다시 새겨본다. 나의 말과 행동, 나아가 삶의 모든 태도 속에서 존중이 자연스럽게 흐를 때, 우리는 비로소 인간다운 삶을 온전히 살아가고 있다고 할 수 있을 것이다.

38. 옳은 말에 대한 태도

한 사회의 정신적 근간이 무너질 때, 가장 먼저 드러나는 징후는 '언어의 혼란'이다. 이것은 학문적 해석을 빌리지 않아도, 우리 일상의 순간순간 피부로 느끼는 생생한 현실이다.

우리는 하루에도 수많은 말을 쏟아내지만, 그 속에 담긴 진심은 점점 희미해지고 있다. 웅변은 화려하되 설득력은 부족하고, 논쟁은 많으나 해답은 없으며, 수많은 약속들은 끝내 신뢰를 얻지 못한다. 말의 홍수 속에서 진정성은 바닥을 치고, 공허한 언어만이 신뢰의 빈자리를 메우고 있다.

한 개인과 또 다른 개인, 집단과 집단 사이에 도사리는 이해타산과 벽이 허물어지지 않는 한, 아무리 유려한 말들이 퍼부어져도 그것은 허공에 메아리칠 뿐이다. 마음에 남은 상처는 치유되지 않고, 애정 어린 신뢰는 좀처럼 회복되기 어렵다. 말은 원래 사람과 사람 사이를 잇는 다리였다. 그러나 오늘날 우리의 언어는 일방적 지시와 독백에 머물고 만다. 진정한 의사소통은 쌍방향으로, 다양하고 자유롭게 이루어져야 한다. 그러나 현실의 대화는 권위적인 강요와 일방적 주장으로 점철되어, 서로의 귀를 닫게 만든다.

우리는 서구 문명에서 물질적 풍요와 기술 발전은 기민하게 받아들였으나, 그 속에 깃든 합리적 토론 문화는 제대로 뿌리내리지 못했다. 이성적 판단과 양심적 표현, 타인의 다른 의견을 존중하는 문화가 아직도 낯설기만 하다. 그 결과 '나와 다르면 적'이라는 흑백논리가 사회 곳곳에 자리 잡았고, 한편에서는 일방적인 훈계가, 다른 한편에서는 마녀사냥 같은 비난이 끊임없이 반복된다. 이로 인해 관계는 금이 가고, 사람과 사람 사이는 멀어진다.

우리에게 절실한 것은 편견과 자만을 걷어내고 진실을 꿰뚫는 건강한 비판력이다. 타인의 결점을 지적하기 전에, 자신의 내면을 겸손히 돌아볼 줄 아는 균형 잡힌 시각이 필요하다. 침묵과 사색, 명상의 시간은 어느새 일상에서 밀려났고, 그 자리를 얕은 생각과 가벼운 말들이 차지했다. 선조들이 남긴 '침묵은 금이다.'라는 가르침이 오늘 우리에게 더욱 절실히 다가오는 이유다. 때로는 아무 말도 하지 않는 것이 가장 강력한 언어이며, 책임질 수 없는 말은 차라리 삼키는 것이 현명하다.

말은 상황에 맞는 적절한 어휘 선택과 더불어, 진정성과 책임감을 담아낼 때 비로소 그 가치를 발한다. 단순한 정보 전달을 넘어, 진심 어린 소통으로 이어질 때 언어는 비로소 사람과 사람을 잇는 든든한 다리가 된다. 이제 우리는 자기주장만을 내세우는 말을 내려놓고, 타인의 이야기에 귀 기울이고 마음을 열어야 한다. 이것이 무너진 사회적 신뢰를 회복하고, 공동체의 연대를 다시 살리는 길이다.

말에는 반드시 예의와 존중이 따라야 하며, 이해관계를 떠나 '옳은 것은 옳다.'고 말할 줄 아는 용기도 필요하다. 타인을 존중하는 것은 인간 사회의 근간이며, 공동체가 지속가능하도록 지탱하는 가장 고귀한 미덕이다. 원칙과 상식이 흔들리는 오늘, 우리가 가장 먼저 되찾아야 할 가치는 바로 '말의 책임'과 자신이 아닌 상대에 대한 존중이다. 여기에서부터 신뢰는 다시 싹트기 시작한다. 좋은 말은 좋은 관계와 좋은 사회를 만들어 간다는 평범함 가르침을 무겁게 여기며 말에 대한 책임을 갖고 살아가면 좋겠다.

39. 말은 인간관계의 품격

개인의 말과 행동은 어느 순간부터 더 이상 자신만의 것이 아니다. 매스컴을 통해, 혹은 누군가의 눈과 귀를 거쳐 다수에게 전해지고 기록된다. 그리고 그 말과 행동은 좋든 싫든 누군가의 마음에 흔적을 남긴다. 그렇기에 우리는 그 무게를 인식하며 살아야 한다.

인격이란 결국, 말과 행동의 일관성 속에서 빛을 발하는 것이 아닐까.

일상 속에서 우리는 때때로 감정에 휩쓸려 거친 말을 내뱉는다. 그러나 그럴수록 더욱 품격을 지켜야 하지 않을까. 나와 타인 사이에 놓인 말의 다리를 조심스럽고 성실하게 건너야 한다고 믿는다. 사람은 저마다 삶의 몫을 지니고, 그 몫에 따라 역할을 수행한다. 그렇게 자신만의 존재 가치를 느끼고, 주변과 관계를 맺으며 살아간다. 그 다양하고 복잡한 삶의 풍경 속에서, 품격이 스며든 세상이 그리운 요즘이다.

언제부터였을까. 세상이 이토록 거칠어지고, 말이 칼이 되고, 시선이 벽이 되어버린 것은. 풀뿌리를 씹으며 보릿고개를 넘기던 시절에도, 사람들의 마음은 지금처럼 강퍅하지 않았다. 먹고사는 일이 급박했지만, 그 속엔 사람 냄새가 있었고, 상부상조의 따뜻한 정이 있었으며, 서로를 배려하는 마음이 살아있었다.

품격이란 결국 도리를 잊지 않는 태도이며, 그것을 삶의 결안에 꿋꿋이 지켜내는 자세였다.

그런데 아이러니하게도, 경제가 성장하고 삶이 풍요로워질수록 오히려 감정의 찌꺼기들이 넘쳐나기 시작했다. 말은 날카로워지고, 표현은 공격을 담고, 소통은 전쟁처럼 변해갔다. 자신의 존재를 드러내기 위해 타인을 깎아내리는 언어들이 넘쳐난다. 우리는 '말'의 품격을 잃어버리고 인격 자체도 가벼워진 것은 아닐지 생각해봐야 한다.

'품격'이란 무엇일까. 사전은 그것을 "사람의 성품이나 사물에서 느껴지는 품위"라고 설명한다. 그러나 품격은 사전보다 삶의 현장에서 더 선명하게 증명되는 법이다.

우리나라 정치권의 말의 행태와 이전투구를 보면, 이 단어가 얼마나 초라해졌는지 절감하게 된다. 2008년 미국 대선 역시 우리나라 못지않게 치열한 비방전으로 얼룩졌다. 오바마는 사회주의자라는 낙인을, 매케인은 노쇠한 후보라는 조롱을 감내해야 했다.

그러나 놀라운 장면은 선거 이후에 펼쳐졌다. 정적이었던 매케인을 초청해 화합을 이야기했고, 매케인은 이에 흔쾌히 응했다. 두 사람은 공동 성명을 통해 "당파를 넘어 국가를 위한 신뢰"를 선언했고, 취임식 전날 매케인을 위한 특별 만찬을 열며 그를 "평생 미국을 위해 봉사한 애국자"라 높이 평가했다. 그 자리는 어쩌면 불편했을지도 모른다. 그러나 매케인은 참석했다. 자신의 감정보다 국민과 국가의 이익을 우선하는 성숙한 판단이 있었기 때문이다. 그는 수많은 음해를 겪었지만, 타인을 헐뜯은 적은 없었다. 때로는 '이단아'라 불렸지만, 그의 인격은 누구도 쉽게 흠집 낼 수 없었다.

오바마 대통령의 연설 도중 한 의원이 "당신, 거짓말이야!"라며 소리쳤을 때도, 매케인은 곧바로 "무례하고 부적절한 행동이었다." 며 단호하게 지적했다. 그는 회고록 "쉼 없는 파도"에서 정치인의 가장 중요한 덕목으로 '겸손'을 강조하며 이렇게 말했다.

"상대방의 의견에 동의하든 그렇지 않든 우리는 동료 시민을 존중해야 한다. 그 존중의 뿌리는, 우리가 모두 이 나라의 이상을 위해 함께 노력하고 있다는 데 있기 때문이다."

이 말은 시대를 초월한 울림을 지닌다. 돌이켜보면, 이는 정치인만의 이야기가 아니다. 우리 모두는 말을 하며 살아간다. 말과 행동을 통해 누군가의 마음에 영향을 주는 순간, 우리는 하나의 작은 사회를 대표하는 존재가 된다.

지금 우리 사회의 관계성을 이어가는 말들이 너무 가볍다. 말이 흉기가 되고, 말이 성난 파도처럼 타인을 집어삼킨다. 익명의 댓글 하나, 스치는 대화 하나가 누군가의 마음을 깊이 찌르고 만다. 그 속에서 사람의 인격은 얼마나 무너지고 있는가, 말은 곧 그 사람이다.

말이 고와야 마음이 곱고, 행동이 곧 품격이다. 품격이란 거창한 것이 아니다. 말 한마디에 존중이 담겨 있고, 타인의 처지를 헤아리는 태도 속에 이미 충분한 인격이 깃들어 있다. 세상이 각박할수록 우리는 더욱 말의 품격, 말을 통한 사람다움의 깊이를 지켜야 한다.

그것이야말로 우리가 살아가는 세상의 성숙함을 증명할 수 있는 유일한 길이기 때문이다.

40. 대화는 배설이 아니다.

말과 글은 단순한 의사소통의 도구가 아니다. 그것은 인간의 생각을 표현함과 동시에, 그 생각을 새롭게 만들어가는 창조의 행위라 할 수 있다. 한마디 말이 사람의 인생을 바꾸고, 한 줄의 문장이 세상을 움직이기도 하며, 역사 속 거대한 전환의 배후에도 언제나 강력한 언어의 힘이 있었다. 누군가의 가슴에 불을 지핀 시 한 구절, 시대의 어둠을 가르던 연설 한마디, 그 모든 것이 언어의 마법이다.

그래서 어떤 생각을 하느냐 만큼이나, 그 생각을 어떻게 표현하느냐가 더욱 중요해진다. 머릿속에서만 맴도는 생각은 나의 것이지만, 언어로 바뀌는 순간 그것은 세상과 관계를 맺는 생명력이 된다. 말은 입에서 흘러나오는 순간 되돌릴 수 없고, 글은 눈에 담기는 순간부터 타인의 것이 되므로, 말과 글은 함부로 다뤄서는 안 되는 행위이다. 그것은 누군가의 마음에 닿아 상처가 되기도 하고, 위로가 되기도 하기 때문이다.

말과 글은 인간의 의지와 행동을 이끄는 보이지 않는 힘이 되고, 때로는 무심코 던진 말 한마디가 누군가에겐 기쁨이 되고, 또 누군가에겐 씻기 어려운 상처가 된다. 평범한 일상의 대화 속, 아주 작은 언어 하나가 마음의 결을 어루만지고, 사람 사이의 간극을 좁히며, 더 나은 세상으로 이끄는 징검다리가 될 수 있다. 언어는 단순한 소통의 수단이 아니라, 서로를 향해 다가가는 다리이자 마음의 지도라고 표현하는 이유이다.

말과 글은 감정의 표출 수단인 동시에, 이성과 공감이 어우러지는 인간성의 표출이다. 단순한 정보 전달을 넘어, 그것은 자아의 빛깔이며 관계의 온도이다. 우리가 쓰는 말 속에는 생각의 방향이 담기고, 우리가 쓰는 글 속에는 인격의 무게가 배어 있다. 누군가는 말과 글로 세상을 밝히고, 누군가는 같은 도구로 세상을 흐리게 한다.

언어는 쓰는 사람의 마음과 품격을 고스란히 비추는 거울이 될 수 있다. 말은 '배설하듯' 쏟아내는 것이 아니다. 곱씹고 다듬고 절제되어야 한다. 그것은 단지 예의의 문제가 아니라, 그 사람의 내면을 드러내는 척도이다. 흔히 사람에게 눈과 귀는 두 개, 입은 하나인 이유를 "많이 보고, 많이 듣고, 적게 말하라."는 뜻으로 해석하는 이유이다. 절제된 말은 깊이 있게 다가가고, 정제된 글은 오래도록 남는다. 글에는 '격'이 있다. 그것은 글쓴이의 태도에서 비롯된다. 얼마나 고민하고, 얼마나 진실하며, 얼마나 바른 표현을 위해 애썼는지에 따라 글은 향기를 품기도 하고, 상처를 남기기도 한다. 말 역시 마찬가지다. 우리가 공동체 속에서 살아가는 이상, 언어는 피할 수 없는 소통의 방식이며, 결국 그 사람의 삶의 습관이자 버릇이다. 고운 말씨는 고운 마음에서 나오고, 품격 있는 말은 인격의 뿌리에서 자라난다.

품격 있는 말과 글은 하루아침에 길러지지 않는다. 그것은 어릴 적부터 가정에서 시작되어야 하고, 학교와 사회 속에서 자연스럽게 이어져야 할 문화이다. 그러나 오늘날 우리 사회는 감정이 조절되지 않은 언어들이 너무도 쉽게 오가는 풍경을 자주 마주하게 된다.

인터넷과 SNS를 비롯한 미디어 공간에는 서로를 향한 날선 말들, 판단과 조롱, 혐오와 적대의 표현들이 가득하다. 말과 글은 인격의 대변자이며, 사회를 비추는 거울이라는 점에서 더욱 안타까운 현실이다. 더욱 우려스러운 것은, 사회적 지도층이나 정치인들마저도 막말과 비속어를 거리낌 없이 내뱉는 모습을 볼 수 있다는 점이다. 책임 있는 자리에서조차 언어가 함부로 소비된다면, 사회 전반의 품격은 점점 낮아질 수밖에 없다. 누군가를 깎아내리는 말은 결국 자기 내면의 불안과 열등감을 드러내는 또 다른 방식일 뿐이다. 자신을 높이기 위해 타인을 낮추는 언어는 스스로를 더욱 초라하게 만들고 있다.

우리가 가져야 할 진정한 품격은, 내 말이 누군가에게 어떻게 다가갈지를 고민하는 마음이다. 내 생각이 옳다고 해서 상대의 다름을 비난하지 않고, 나의 분노가 정당하다고 해서 타인을 향한 모욕으로 정당화하지 않는 태도. 그것이 바로 성숙한 인격이며, 진정한 소통의 시작이다.

말과 글이 가벼운 소비재처럼 휘발되지 않기를 습관화해야 한다. 말과 글이 누군가의 상처를 덮는 연고처럼, 혹은 삶을 북돋는 햇살처럼 쓰이면 좋겠다. 언어는 곧 사람이고, 인격이다. 우리가 내뱉는 말과 우리가 남기는 글에는 우리의 얼굴이 있고, 마음이 있으며, 삶의 깊이가 담겨 있기 때문이다.

말과 글을 아끼되 두려워하지 말고, 대신 더 정직하고, 더 단단하게, 더 따뜻하고, 더 품위 있게 가꾸어가야 한다. 우리의 언어가 더 나은 세상을 여는 열쇠가 되기를, 그렇게 서로를 존중하고 품을 수 있는 사회가 되면 좋겠다.

3부
세상과 삶

41. 사소하지만 확실한 기쁨

우리는 흔히 행복한 삶, 만족스러운 인생을 위해 돈, 명예, 건강, 권력, 그리고 삶의 질을 떠올린다. 이 모든 것들은 우리 삶에서 중요한 요소임에 틀림없다. 그러나 행복의 기준은 사람마다 다르며, 때로는 물질적 풍요보다도 사람 사이의 따뜻한 관계, 그리고 마음의 평온이 더 소중한 이들도 있다. 이 점만은 분명하다. 누구도 불행을 원하지 않으며, 각자가 나름의 방식으로 행복을 꿈꾸며 살아간다는 사실이다.

미국의 한 심리학자는 이렇게 말했다. "행복은 물질적 풍요나 사회적 명성에서 비롯되는 것이 아니다. 배우자와의 신뢰, 가족 간의 끈끈한 유대, 미래를 향한 희망 같은 인간적인 요소에서 출발한다." 이 말은 오늘날을 살아가는 우리에게 깊은 울림을 준다. 바로 옆에 있는 사람들과의 신뢰와 사랑, 그리고 내일에 대한 희망이야말로 진정한 행복의 뿌리임을 일깨워주기 때문이다.

우리는 과거보다 훨씬 물질적으로 풍요로운 시대를 살고 있다. 하지만 "지금 행복하십니까."라는 질문 앞에선 쉽게 '그렇다.'고 답하기 쉽지 않음을 마주한다. 어떤 이들은 오히려 가난했던 시절, 이웃과 정을 나누며 서로를 보듬던 그때를 그리워하기도 한다. 이것은 단순한 향수가 아니다. 오늘 우리가 느끼는 불행은 절대적인 결핍에서 오는 것이 아니라, 상대적인 박탈감과 비교, 경쟁에서 오는 마음의 허기 때문이다. 타인과 끊임없이 자신을 비교하고, 뒤처진다는 생각에 마음이 위축되고 소외되는 경험이 오히려 우리의 내면을 더욱 가난하게 만든다.

정치적 환경이나 사회 분위기에 쉽게 휩쓸려, 타인의 기준으로 내 희로애락을 판단하고 있는 건 아닌지 돌아봐야 한다. 런던대학교의 리처드 교수는 "사회 전체가 부유해질수록 사람들은 더 이상 행복을 느끼지 못 한다."고 말했다. 그 이유로 그는 두 가지를 꼽았다. 첫째, 풍요로움에 익숙해져 그것을 당연하게 여기는 태도. 둘째, 끊임없이 타인과 자신을 비교하는 심리다. 우리 역시 이 두 가지 심리에서 완전히 자유롭지 못하다.

그렇다면 우리는 어떻게 살아야 진정한 행복에 다가설 수 있을까? 이 질문은 단지 개인의 고민에 그치지 않는다. 우리 사회 전체가 함께 고민하고 성찰해야 할 과제다. 이제는 단순히 '더 많이 가지는 것'보다 '어떻게 살아갈 것인가.'를 묻는 시대가 되었다. 양적인 성장만을 좇는 삶에서 벗어나, 삶의 질과 내면의 만족을 함께 바라보는 새로운 시선이 필요하다.

행복은 거창한 성공이나 화려한 순간에만 머무르지 않는다. 오히려 일상 속 사소한 순간들, 손을 잡아주는 따뜻한 손길, 진심 어린 미소, 그리고 가족과 친구 사이에 나누는 진솔한 대화에서 꽃핀다. 작은 기쁨들이 쌓이고 쌓여 마음속 평화와 만족으로 자라나는 것이다. 그리하여 우리 삶은 비로소 진정한 풍요로움으로 가득 차게 된다.

행복 하고 싶다는 마음은 인간 누구에게나 있는 가장 순수하고 진실한 소망이다. 그리고 그 소망은 먼 미래의 목표가 아니라 지금

이 순간, 바로 우리 곁에 있는 사람들과의 관계 속에서 싹튼다. 삶의 크고 작은 순간들에서 느끼는 그 소중한 따뜻함이야말로 진정한 행복의 비밀이다. 이제 조금은 느리게, 조금은 여유롭게 걸으며 주변을 돌아보자. 물질과 성공만을 좇는 발걸음을 잠시 멈추고, 내 곁에 있는 이들의 손을 꼭 잡아보자. 그 속에서 진짜 행복이 무엇인지, 삶의 참된 의미를 발견할 수 있을 것이다.

42. 편견의 경계선에서

사람들이 가지고 있는 보편적인 편견에 대해 생각해보면, 중세 시대 절대적 진리를 추구하던 천주교 교리에 대한 반발이 인문주의 발전의 계기가 되었다는 역사적 흐름을 떠올리게 된다.

당시 성서적 사상과 사람들의 편견은 유럽 문화에 큰 전환을 가져왔고, 그로 인해 두 가지 커다란 기류가 형성되었다.

하나는 종교개혁이다. 귀족 중심의 중세 교회 체제에 맞서 "성경으로 돌아가자."는 구호 아래 루터가 앞장섰고, 이후 칼빈이 교리를 정립하면서 '프로테스탄트(신교)'가 출범했다.

다른 하나는 인본주의 문화의 부활, 즉 르네상스다. 이는 산업혁명의 원동력이 되었으며, 그 전에는 오히려 동양 문화가 더 앞서 있었다는 점은 세계사가 증명하고 있다.

르네상스는 절대적 진리 중심의 시대에서 상대적 진리도 인정하는 사고로 전환하는 계기가 되었고, 동시에 '편견'이라는 개념이 새롭게 문제 제기되기 시작한 것도 이 무렵이다. 편견은 단지 개인의 문제가 아니라, 중세 이후 오늘날까지 이어지는 인문학적 과제로 남아 있다.

오늘날 편견은 보다 진화된 형태로 나타나고 있다. '내로남불'이라는 표현은 내 주장에는 관대하고, 타인의 주장에는 엄격한 이중적 태도를 비판하며, 갈등의 부산물을 상징한다. 자신의 정체성과 존재감, 인정받고자 하는 욕망이 커질수록 편견은 더욱 뿌리 깊게 자리

잡게 된다.

인간은 사회적 동물이다. 환경의 영향을 받으며, 각자의 삶의 경험과 조건에 따라 판단하고 행동한다. 그렇기에 편견은 쉽게 해결되기 어려운 문제다. 사람은 나와 다른 환경에서 살아왔음에도 불구하고, 자신의 판단 기준으로 상대를 바라보려는 경향이 있다.

예를 들어, 산에 사는 사람은 산등성이 너머로 해가 뜨고 지는 것이 일상이다. 반면 바닷가 사람은 수평선에서 떠오르고 저무는 해를 보며 살아간다. 어느 쪽이 맞고 틀린 것이 아니다. 해는 동일하게 존재하지만, 보는 관점이 다를 뿐이다. 그러나 사람들은 종종 이러한 상대적 차이를 인정하지 않고, 자신이 경험한 것만이 '진실'이라 믿고 주장한다. 이런 태도는 결국 편견으로 이어진다. 물론 자신의 의견을 피력하는 것은 잘못이 아니다. 문제는 그 주장이 상식과 균형을 넘어서며, "나는 옳고 너는 틀리다."는 이분법적 사고로 고착될 때 발생한다. 이렇게 되면 사안의 본질은 사라지고, 자기 우월감이라는 덫에 스스로 갇히게 된다.

편견이 강한 사람의 특징은 자기중심적이라는 것이다. 대화에서도 타인의 말을 경청하지 않고 자기 말만 늘어놓는다. 자신의 존재감을 드러내고 인정받고자 하는 욕구는 누구에게나 있지만, 타인의 말을 듣고 있는 그대로 인정하는 태도는 오히려 자신이 존중받는 길이라는 점을 간과한다. 자신에게 필요 없거나 마음에 들지 않는다는 이유로 상대를 틀렸다고 판단하거나 무시하는 것, 그것이야말로 편견의 시작이다. 편향된 판단은 공정함을 잃게 하며, 사회를 분열로 이끈다. 편견은 세상을 반쪽만 보게 만든다.

한 걸음 물러서서 자신의 생각을 잠시 접고, 상대방의 관점에서 사물을 바라보려는 유연한 태도가 필요하다. 그것이야말로 내가 상대를 인정하고 존중할 때, 비로소 나 역시 존중받을 수 있다는 것을 기억해야 한다.

43. 거짓말의 유혹

만우절, 서양에서 '에이프릴 풀스 데이(April Fool's Day)'라 불리는 이날은 18세기 영국을 중심으로 널리 퍼지기 시작했다. 그리스에서는 만우절에 장난이 성공하면 1년 내내 행운이 따른다는 믿음도 있었다고 한다. 왜 만우절이라는 풍습이 생겼는지에 대해서는 여러 설이 있지만, 수세기 동안 전 세계 여러 문화권에서 거짓말과 장난이 공존해왔다는 점은 분명하다. 이는 거짓말이라는 행위가 동서고금을 막론하고 인간 삶에 깊이 연결되어 있음을 짐작하게 한다.

요즘은 '선한 거짓말'이라는 말도 자주 쓰인다. 상대를 배려하거나 위하는 마음에서 진실과는 다른 말을 하는 것을 '착한 거짓말'이라 부른다. 물론 여기에는 진심이 담겨 있을 수도 있다. 하지만 때로는 그런 거짓말이 자신을 속이며 합리화하는 수단이 되기도 한다. 진심인 듯 포장된 거짓말은 결국 자기 정당성의 그물망에 자신을 가둬 버릴 위험이 있다.

거짓말의 출발점은 흔히 '자기 과시'에서 비롯된다. 남보다 뛰어나다고 인정받고 싶은 마음, 그 이면에는 열등감을 숨기려는 욕망이 자리한다. 이러한 욕망은 타인의 관심과 인정을 갈망하는 감정에서 시작된다. 문제는 이 욕망이 지나치게 커지면, 불필요한 욕심과 함께 거짓말이라는 유혹에 쉽게 빠진다는 점이다.

욕망 자체는 성취의 원동력이 될 수 있지만, 자기 과시를 위한 욕망은 불행의 씨앗이 된다. 거짓말은 결국 인간관계를 무너뜨리고,

신뢰를 깨뜨린다. 그리고 신뢰가 무너진 자리에 남는 것은 외로움과 고립뿐이다. 이 진실을 상징적으로 보여주는 이야기가 있다. 누구나 한 번쯤은 들어봤을, 이솝우화 "양치기 소년과 늑대" 이야기다. 한 산골 마을에 양을 치는 소년이 있었다. 매일 아침 양떼를 몰고 들판으로 나가지만, 혼자 있는 시간이 지루하고 무료했다. 어느 날 그는 관심을 끌기 위해 "늑대다! 늑대가 나타났어요!"라고 소리쳤다. 마을 사람들은 모두 일손을 멈추고 달려왔다. 그러나 놀랍게도 늑대는 없었고, 소년의 거짓말이었다. 이 장난은 반복되었고, 점점 사람들은 소년의 말을 믿지 않았다. 그러던 어느 날, 정말 늑대가 나타났다. 소년은 간절히 도움을 요청했지만, 아무도 오지 않았다. 소년은 자신이 뿌린 거짓의 씨앗에 의해 외면 받고 말았다. 거짓말은 이처럼 단순한 장난이나 위안이 아니다. 때로 우리는 관심 받고 싶고, 외롭고, 무언가를 숨기고 싶어서 거짓말을 하기도 한다. 하지만 그 순간의 작은 만족을 위해 거짓말을 반복하면, 결국 신뢰라는 다리가 무너지고 만다. 진심은 시간이 걸려도 전해지지만, 거짓말은 반드시 드러나기 마련이다. 그리고 한 번 무너진 신뢰는 다시 쌓기 어렵다. 사람은 누구나 인정받고 싶어 한다. 그 욕구는 인간의 본성이고, 사회적 존재로서 자연스러운

마음이다. 하지만 그 갈망을 거짓으로 채우려 해서는 안 된다. 진심은 말뿐만 아니라 행동과 태도로 전해진다. 진실 된 말 한마디는 거짓말 백 마디보다 훨씬 깊은 울림을 준다.

그래서 거짓말을 하고 싶을 때일수록 조용히 자신의 마음을 들여다보자. 내가 진짜 원하는 것이 '인정'이라면, 그 인정은 반드시 진

실과 진심 위에 세워져야 한다. 그렇지 않으면 인정받는 듯해도 결국 그 자리는 텅 빈 모래성일 뿐이다.

만우절의 장난은 가벼운 웃음으로 끝나지만, 우리 인생에서 거짓말이 남기는 흔적은 결코 가볍지 않다. 진실과 신뢰는 인간관계의 바탕이며, 그것이 무너지면 삶의 많은 것이 흔들린다. 그래서 오늘도 진실 된 마음으로 살아가려는 노력, 그리고 진심 어린 관계를 쌓아가려는 마음가짐이 사람과의 좋은 관계를 이어주고 자신의 존재감을 높이는 계기가 될 것이다.

44. 회복탄력성을 갖자.

코로나 팬데믹 이라는 거대한 파도가 전 세계를 휩쓸던 시절, 우리는 모두 깊은 절망과 외로움의 바다에서 힘겹게 헤엄쳐야만 했다. 그 바다는 때로는 차가운 파도처럼, 때로는 무거운 짐처럼 우리를 짓눌렀다. 하루하루가 불확실했고, 누군가는 사랑하는 이들을 잃었으며, 또 누군가는 미래에 대한 희망마저 잃어버리기도 했다. 그 시절의 기억은 아직도 마음 한켠에 깊게 남아 있다. 하지만 시간이 지나고 뒤돌아보면, 그 고통 속에서 우리는 미처 깨닫지 못했던 소중한 것들을 다시금 발견했다. 건강이 얼마나 귀중한 보배인지를, 이웃과의 작은 만남이 주는 따뜻함과 공동체의 의미를 새삼 깨닫게 되었다.

가족과 함께하는 평범한 일상이 얼마나 축복인지를 뼈저리게 느꼈고, 당연하게 여겼던 모든 순간들이 얼마나 값진 것이었는지 다시 생각하게 되었다. 그러나 그 긴 터널을 지나왔음에도 우리의 몸과 마음은 아직도 완전히 회복되지 못했다. 마치 충격적인 사건 후 쉽게 가시지 않는 그 여운처럼, 팬데믹이 남긴 상처도 쉽사리 아물지 않는다. 누군가에게는 외로움이 여전히 그림자처럼 따라붙고, 또 누군가는 예전처럼 자유롭지 못한 마음으로 하루를 견뎌내고 있다. 개개인의 상처가 모여 사회 전체에 깊은 흔적을 남기고, 의료비 부담은 물론 복지와 사회 기반 시설에도 무거운 짐으로 작용하고 있다. 이런 시기일수록 우리가 간절히 필요로 하는 것이 바로 '회복탄력성'이다. 이것은 단순히 '낙관적인 태도'를 넘어서, 삶의 역경과 실패를 '도약의 발판'으로 삼아 더 높은 곳으로 올라설 수 있는 마음의 근력이다.

모든 물체가 저마다의 탄성을 가진 것처럼, 사람도 시련 앞에서 서로 다른 반응을 보인다. 어떤 이는 시련에 무너져 내리지만, 또 다른 이는 가장 깊은 바닥에서 다시금 힘을 내어 일어선다. 역사 속 크고 작은 성공의 순간들 뒤에는 항상 한 번쯤의 좌절과 실패가 함께 존재했다는 사실은 결코 우연이 아니다. 사안의 핵심은 '어떤 일이 일어났는지.'가 아니라, '그 일에 어떤 의미를 부여 하는가.'에 달려 있다. 같은 사건도 어떤 이에게는 재앙으로, 또 다른 이에게는 성장의 발판이 될 수 있다.

부정적인 인식에 머무르면 감정적 에너지는 허비되고, 문제 해결 능력은 크게 떨어진다. 하지만 회복탄력성이 높은 사람은 스스로의 상황을 긍정적으로 바라보려 노력하며, 감정의 낭비를 줄이고 그 에너지를 진정한 극복과 성장에 쏟는다. 이는 단순한 희망이나 낙관이 아니다. 그것은 현실을 냉철히 직시하는 용기이며, 역경 속에서도 다시 일어설 수 있는 '마음의 힘'이다. 한마디로 말해, 삶의 고난을 품어 안고 스스로를 일으키는 비인지적 능력이라 할 수 있다. 물론 개인의 회복이 중요하지만, 사회 전체의 회복 탄력성도 그에 못지않게 중요하다. 공동체가 서로를 신뢰하고 지지하며, 위기를 기회로 바꿀 수 있는 튼튼한 구조를 갖추는 일은 우리 모두가 힘을 모아야 할 과제다.

각자가 마음속에 희망의 불씨를 지키고, 손을 맞잡을 때 우리는 거센 폭풍을 견뎌낼 수 있을 것이다. 때로는 희망을 찾기 힘든 현실 속에서 우리는 주저앉고 싶어진다. 하지만 그럴 때마다 기억해야 한다. 우리가 살아있음 그 자체가 이미 기적이며, 그 속에서 의미를 찾고자 하는 의지야말로 가장 소중한 힘이라는 것을. 삶은 언제나 완벽하지 않다. 그러나 그 안에 흐르는 회복의 힘은 우리 모두의 가슴 속에 조용히 숨 쉬고 있다. 그 힘이 있기에, 우리는 고통과 어려움 속에서도 다시 피어날 수 있다. 그것이 우리 삶을 앞으로 이끄는 가장 견고한 토대임을, 우리는 이제야 조금씩 깨닫는다.

45. 넘침과 부족함의 경계에서

현대 사회는 그 어느 때보다 복잡하고 다양한 모습으로 우리 앞에 펼쳐져 있다. 그만큼 사람과 사람 사이의 관계도 단순하지 않다. 요즘 서점가를 가 보면, 시대의 흐름을 반영한 생존 전략서와 처세술 관련 책들이 넘쳐난다. 처세술은 동서고금을 막론하고 인류가 오래도록 고민해온 삶의 기술이자, 변화무쌍한 세상 속에서 자신을 지키고 성장하기 위한 필수적인 지혜라 할 수 있다. 그 가운데서도 "채근담"은 특별한 의미를 지닌다. 짧고 함축적인 문장들로 이루어진 이 잠언 집은 세상을 살아가는 지혜와 인간관계의 본질을 간결하면서도 깊이 있게 전해준다. 더불어 후편에서는 넉넉한 마음으로 살아가는 즐거움과 평화를 이야기하며, 바쁘고 분주한 현대인들에게 잠시 멈추어 성찰하고 여유를 가지라는 메시지를 전한다. 이를 통해 차고 넘침과 부족함 사이에서 균형을 지키는 '중용(中庸)'의 미덕을 강조한다.

욕심과 과욕이 가져오는 병폐야말로 우리 사회가 오랜 시간 동안 앓아온 병과도 같기 때문이다. 끝없는 욕망은 개인뿐 아니라 공동체 모두에게 상처와 고통을 안겨주며, 결국 그릇된 욕망은 세상을 병들게 만든다는 진리를 일깨운다. 200년 전, 실존했던 의주 상인 임상옥은 자신의 부를 사회에 환원하며 "재물은 물과 같아 평등하고, 사람은 저울처럼 바르다."라는 깊은 뜻을 남겼다. 그는 '계영배(戒盈杯)'라는 술잔의 교훈을 가슴에 새겼다.

'가득 채우지 말라.'는 경계의 메시지가 담긴 이 술잔은 끝없는 욕심은 결코 채워질 수 없음을 상징한다. 임상옥은 최고의 상인이었지만 명예욕이나 권력욕에 휘둘리지 않았다. 그러나 오늘날 우리 사회를 돌아보면, 경제와 문화, 정치와 사회 곳곳에 넘쳐나는 욕망과 물량주의가 어느 한 곳 예외 없이 만연해 있는 듯하다. '다다익선(多多益善)'이라는 말이 너무도 자연스럽고 당연하게 받아들여진다. 하지만 '다양성을 존중한다.'는 본래의 뜻은 서로 다름을 인정하고 존중하는 데서 출발해야 한다는 점을 잊지 말아야 한다. 그런데 요즘은 자신의 생각과 판단만을 앞세우며, 상대보다 내가 더 중요하다는 이기심으로 변질되는 경우가 많다.

함께 더불어 사는 사회라면, 공동체의 선(善)을 추구하는 사고가 필요하다. 서로 다른 처지와 어려움에 마음을 쓰고, 측은지심과 따뜻한 정으로 서로를 품어줄 줄 아는 의식이 필요하다.

안타깝게도 지금 우리 사회는 다양성의 부조화 속에 자기중심적 사고와 진영 논리, 이념 대립으로 인한 증오와 갈등이 잠재해 있다. 각자의 존재감을 지키려는 갈망이 공동체의 조화와 공존을 가로막고 있는 것이다. 그러므로 진정한 성장은 바로 이 공동체에 대한 성찰에서 시작된다. 내가 속한 사회와 조화롭게 어우러지는 자세, 타인을 인정하고 순응하는 마음이 회복되어야 한다. 함께 살아가는 세상에서 서로를 존중하며 순응할 줄 아는 태도야말로 우리 모두가 지켜야 할 삶의 덕목임을 잊지 말자. 이 작은 성찰과 실천이 모여 넘침과 부족함 사이, 균형 잡힌 삶으로 나아가는 길이 될 것이다. 그를 통해 우리 사회도 더 건강하고 따뜻한 공동체로 함께 성장해 갈 수 있을 것이다. 내 것을 채우기 위해 네 것을 갖고자 욕심을 부리는 현실 속에서 내 것을 양보 할 줄 아는 섬김의 마음으로 넘침과 부족함의 경계를 조화롭게 극복해 가는 우리들의 마음을 기대해 봄은 욕심이 아니라고 생각된다.

46. 허세와 모순의 동질감

옛날 중국 전국시대, 한 장터에서 상인이 사람들을 향해 외쳤다.

"이 창은 어떤 방패라도 꿰뚫을 만큼 날카롭습니다! 그리고 이 방패는 어떤 창이나 칼로도 뚫을 수 없을 만큼 견고합니다!" 그 말을 듣고 있던 한 구경꾼이 물었다. "그렇다면 그 창으로 그 방패를 찌르면 어떻게 되겠소?" 상인은 대답하지 못했다. 이 일화에서 '모순(矛盾)'이라는 말이 생겨났다고 한다. 서로 어울릴 수 없는 두 주장을 동시에 내세우는 것, 그리고 말과 행동이 어긋나는 이중성은 오늘날에도 여전히 우리 삶에 깊이 배어 있다. '허장성세(虛張聲勢)'라는 말이 있다. 비어 있고 과장된 기세로 소리만 크게 낸다는 뜻이다. 실속없이 허세만 부리는 모습을 이르는 말이다. 허장성세는 모순을 낳는다. 실체는 빈약한데 과장과 허세로 자신을 포장하려다 보면, 앞뒤가 맞지 않는 말과 행동으로 스스로의 진실을 가리게 되는 것이다. 허세란 무엇일까. 사전은 이를 '실상이 없는 기세, 허위'라고 정의한다.

겉으로는 강해 보이지만, 실은 그렇지 않은 상태, 말하자면 '과장의 갑옷'이다. 허세는 어쩌면 자신을 표현하고자 하는 본능의 한 단면일지 모른다. 심리학에서는 허세를 하나의 방어 기제로 본다. 돈문제에 약점을 가진 사람은 돈을 자랑하고, 가족 문제가 있는 사람은 행복한 가정을 과장한다. 상처를 감추기 위한 일종의 심리적 포장인 셈이다.

'자아(自我)'란 단어는 철학적으로 들리지만, 실은 '세상과 나를 구분 짓는 인식'에 불과하다. 다시 말해, "나는 특별하다."는 생각이다. 이 특별함을 인정받고자 하는 욕구가 때로는 허세로, 때로는 과시로 나타난다. 그러나 정작 사람들은 자아를 이야기하면서도 그 실체를 제대로 알지 못한다. 자신의 진정한 모습을 인정하기보다는, 타인의 시선에 맞춘 껍데기를 더 소중히 여긴다. 사람들은 아름다움을 꾸미고 드러내는 것을 '화장'이라 부른다.

인간에게는 본래부터 아름다움을 추구하려는 본능이 있었는지도 모른다. 문제는 그 아름다움의 기준이 어디까지나 타인의 기준에 따라 결정된다는 데 있다. 자신만의 가치를 표현하기보다는, 대중이 옳다고 여기는 방식에 편승하면서 자기다움을 잃어간다. 그렇게 우리는 외면을 치장하며 내면을 감춘다. 허세는 그 감춤의 또 다른 이름이다. 허세가 잘못되었다고 단정할 수는 없다. 누구나 약점을 덮고 싶은 순간이 있고, 자신을 돋보이고 싶은 마음은 자연스러운 것이다. 그러나 문제는 그 허세가 반복되면서 자신의 진실을 외면하게 만들고, 결국 스스로를 기만하게 되는 데 있다. 사람은 누구나 약하다. 진정한 성숙은 그 약함을 인정하는 데서 시작된다. "속빈강정"이라는 말처럼, 겉은 그럴 듯 하지만 실속이 없는 존재는 언젠가 드러나게 마련이다. 타인의 작은 허물은 금세 눈에 띄면서, 정작 자신에게 있는 커다란 결점을 보지 못하는 어리석음 역시 되새겨야 할 교훈이다. 병을 앓고 있으면서도 '괜찮다.'고 소리치는 사람처럼, 현실을 외면하고 허세로 버티는 삶은 결코 오래가지 못한다. 시간이 지나면 그 허세는 껍질이 벗겨지고, 남는 것은 감추었던 약점 그 자체다. 진정한 자존은 허세가 아니라, 있는 그대로의 자신을 인정하는 데서 비롯된다. 자신의 부족함을 인정하고, 그것을 채우기 위해 노력하는 사람. 허세와 모순의 경계를 분별하고, 그 사이에서 스스로를 돌아볼 줄 아는 그런 사람이 결국 진짜 강한 사람이며, 지혜로운 사람이다.

우리 주변에는 자신의 창과 방패를 동시에 자랑하면서도, 그 모순을 깨닫지 못한 채 살아가는 이들이 많다. 그러나 진실은 시간이 지나면 언젠가 드러난다. 그래서 훗날의 평가를 두려워할 줄 아는 자는 오늘을 진실하게 살아간다. 지혜로운 사람은 허세와 모순의 경계에서 자신을 비춰보고 그 속에서 진실한 나를 찾아간다.

47. 우리는 복잡한 세상에 살고 있다.

현대 사회는 마치 바다처럼, 무수한 정보가 끊임없이 출렁이는 세계가 되었다.

인간의 두뇌에서 태어난 수많은 생각과 지식조차 이제는 하나의 상품이 되어, 세상을 움직이는 동력이 되고 있다. 물질과 에너지, 그리고 정보. 이 세 가지는 오늘날 우리 사회를 지탱하는 든든한 기둥이다. '정보화 사회'라 할 때, 단지 정보의 양이 많아졌다는 의미를 넘어서, 가치 있는 정보가 손질되고 가공되어 사회라는 큰 무대에서 빛나는 상품으로 거듭난다는 뜻이 담겨 있다. 지식 기반 사회에서는 정보가 단순한 자료를 넘어, 삶을 바꾸는 힘을 가진 '지식'으로 변신한다. 컴퓨터와 정보통신기술의 결합은 빠른 네트워크를 통해 이 지식을 빛의 속도로 퍼뜨린다. 이처럼 우리는 정보의 홍수 속에서 질 높은 지식을 찾아내고 활용하는 법을 배워야 한다. 그러나 이 바다에는 때때로 폭풍도 몰아친다. 진실과 거짓, 선과 악이 뒤섞인 정보가 넘실거리며 우리를 혼란스럽게 한다. 미디어, 특히 언론의 역할이 그 어느 때보다 중요해진 이유다. 언론은 단순히 소식을 전하는 전달자가 아니라, 객관성과 진실성이라는 두 날개를 지닌 사회의 수호자다. 다양한 목소리가 어우러지는 공론의 장을 마련하고, 때로는 약자의 작은 외침까지도 담아내야 하는 책임을 안고 있다. 한때 컴퓨터가 막 보급되던 시절, "쓰레기를 집어넣으면 쓰레기가 나온다."는 말이 있었다. 이는 잘못된 입력이 곧 잘못된 출력을 낳는다는 의

미였다.

오늘날 정보 사회에서도 마찬가지다. 허위 정보를 퍼뜨리는 이들이 만들어내는 혼란은 사회적 신뢰를 갉아먹는다. 누군가는 스스로를 '지식인'이라 부르며, 과장된 자의식으로 잘못된 정보를 진실처럼 꾸민다. 그러나 진정한 지식은 단순한 암기나 정보의 나열이 아니다.

영국 교육자 허버트 스펜서는 "개인과 사회가 성장하는 데 적합한 지식을 배우고, 그것을 실제 삶에 적용하는 능력"이야말로 진짜 지식이라 강조했다. 언론 또한 사회적 책임을 짊어져야 한다. 사회 속 빛과 그림자를 조명하고, 다양한 의견을 사회 전체가 들을 수 있도록 공론장에 올려야 하며, 부당한 권력과 부패에 맞서 균형추 역할을 해야 한다.

하지만 오늘날에는 누구나 손쉽게 정보를 생산하고 유통하는 '개인 미디어 시대'가 도래했다. SNS와 유튜브 같은 플랫폼은 개인에게도 영향력 있는 목소리를 부여했다. 한편으로는 정보 선택이 감정 중심으로 치우쳐, 가짜 뉴스와 허위 정보가 순식간에 퍼지게 되었다. 더 큰 문제는 많은 사람들이 사실 여부를 가리지 않고 감정에 휩쓸려 반응하며, 그 반응이 다시 정보로 유통된다는 점이다. 이는 사회적 혼란과 불신, 그리고 불필요한 갈등을 낳는다. 가짜 뉴스는 단순한 거짓말이 아니라, 공동체의 신뢰를 무너뜨리는 위험한 씨앗이다.

그래서 우리는 모두가 '말의 무게'를 새겨야 한다. 말은 그 사람의 인격이며, 세상을 비추는 거울이다. 누군가를 해치기 위해, 혹은 관심을 끌기 위해 진실이 아닌 이야기를 퍼뜨리고 책임을 회피하는 것은 사회가 용납하지 않을 일이다. 정보가 넘치는 이 시대일수록, 언론은 더욱 신중하고 책임감 있게 진실을 전해야 한다. 그리고 우리는 올바른 정보를 선택하는 성숙한 소비자가 되어야 한다. 신뢰를 회복하고 정의를 세우는 일은 모두가 함께해야 할 과제다. 진실의 가치를 되새기며, 복잡한 세상 속에 자신을 추스르고 복잡 속 에서도 자기를 잃어 버리지 않는 지혜로운 삶을 살아야 겠다.

48. 진실을 찾아가는 여정

우리는 지금 말의 홍수 속에 살고 있다. 화려한 분홍빛 미래를 약속하는 정치인의 수사, 하루에도 수없이 쏟아지는 상업 광고, 일상에서 오가는 비꼬인 대화와 무심한 말투까지, 이 모든 언어의 파도가 쉼 없이 밀려와 우리를 휩쓸고 있다. 그렇게 우리는 소음에 가까운 언어의 바다에서 길을 잃은 채 살아가고 있다.

한 사회의 정신적 건강은 결국 그 사회가 사용하는 언어의 행태로 드러난다. 학문적 이론을 빌리지 않아도, 말이 혼란스러운 사회는 신뢰가 무너지고 있음을 누구나 피부로 느낀다. 거짓과 과장이 난무하는 언어 환경 속에서 사람들은 서로를 의심하게 되고, 그 결과 공동체의 결속력은 흔들린다. 말이 망가지면 관계도 무너지며, 사회는 점점 균열을 일으킨다.

그렇다면 우리는 언제부터 병들기 시작한 것일까? 사실과 거짓의 경계가 흐려지고 뒤섞인 지금, "어제의 친구가 오늘의 적이 되고, 어제의 적이 오늘의 친구가 되는" 기묘한 풍경은 더 이상 낯설지 않다. 이념과 이해관계에 따라 말의 의미가 수시로 뒤바뀌는 집단적 혼란 속에서 갈등은 끊이지 않고, 사회는 흑백 논리로 양극화되어 끝없는 대립의 소용돌이로 치닫는다. 이런 현상은 단순한 개인 간 불화를 넘어 국가적 불안정과 방향 상실로 이어진다.

현대는 명실상부 '말의 시대'다. 인터넷과 SNS의 급속한 발전은 언어를 전 세계에 실시간으로 퍼뜨리는 혁신적 도구가 되었지만, 동시에 진실한 소통은 더욱 어려워졌다. 트위터의 280자 제한, 유튜브의 자극적인 제목 속에서 사람들은 깊은 생각을 전하기보다는 단 몇 초의 관심을 끌기 위해 과장과 왜곡에 몰두한다. 짧고 단편적인 문장은 맥락을 흐리고, 감정적 언어가 사실보다 앞서며, 자극적인 말은 언제나 '진실인 양' 받아들여진다.

더 심각한 문제는 이런 언어 습관이 단순한 유행을 넘어 일상적인 언어문화로 굳어지고 있다는 점이다. 자기 생각을 설명하려 하면 "너는 어느 편이냐."라는 극단적 프레임에 갇히고, 반복되는 자극적 표현은 논리적 설득보다 정서적 반발을 낳는다. 듣는 사람에 따라 쉽게 왜곡되는 말의 특성은 진심을 가리고, 결국 우리는 서로에게서 점점 멀어진다.

하지만 언어는 단순한 감정의 발산이 아니다. 그것은 행동을 이끌고 세상을 바꾸는 힘이다. 마틴 루서 킹 목사의 "I Have a Dream" 연설은 인권 운동을 불러일으켰고, 히틀러의 선동적 언어는 인류 역사상 가장 참혹한 비극을 초래했다. 언어는 현실을 바꾸는 강력한 도구이며, 그 힘은 말의 진정성과 진실에서 나온다.

오늘날 말들은 점차 신뢰를 잃어가고 있다. 정치인의 연설은 진심 어린 약속이 아닌 계산된 전략이 되었고, 공중파 방송과 언론의 언어 또한 사실 보다는 팬덤의 영향력에 함몰되었다. 말은 넘쳐나지만, 그 말에 대한 책임과 신뢰는 사라졌다.

언어철학자 비트겐슈타인은 "언어는 존재의 집"이라 했다. 우리 삶의 틀과 세상을 구성하는 것은 바로 말이며, 우리가 말을 어떻게 쓰느냐가 곧 우리가 어떻게 살아가느냐를 뜻한다. 그는 생의 마지막 순간, "말할 수 없는 것에 대해서는 침묵해야 한다."고 남겼다. 이는 근거 없고 진실하지 않은 말에 대해 신중 하라는 강력한 경고다.

이제 우리에게 남은 선택은 분명하다. 허황된 말들의 유혹에 휩쓸릴 것인가, 아니면 진실을 좇아 말의 무게를 감당할 것인가. 보이는 것과 들리는 것을 넘어, 진심을 분별하는 지혜가 그 어느 때보다 절실하다. 세상은 점점 복잡해지고, 말들은 점점 교묘해지지만, 그럴수록 우리는 본질에 충실한 평범한 진리로 돌아가야 한다.

우리는 진실한 말이 그리운 시대에 살고 있다. 그리고 그 그리움을 넘어, 스스로 진실을 말하고, 진실을 요구하는 용기가 절실하다. 진심이 담긴 말은 우리를 다시 연결하고, 서로를 이해하게 하며, 공동체를 회복시키는 힘이 있다.

말의 홍수 속에서도 우리는 진실을 찾아 나서야 한다. 말의 힘이 세상을 바꿀 수 있음을 기억하며, 오늘부터라도 신중하고 따뜻한 언어로 서로를 대하는 노력을 멈추지 말자. 그리하여 우리는 신뢰와 공감이 넘치는 사회를 만들어 갈 수 있을 것이다.

49. 조삼모사의 어그러진 공정

송나라에 저공(狙公)이라는 인물이 있었다. 그는 원숭이를 유난히 사랑하여 집에서 여러 마리를 기르며, 마치 가족처럼 지냈다. 원숭이들과의 유대는 깊었고, 저공은 그들의 감정과 반응을 섬세하게 읽어냈으며, 원숭이들도 그를 전적으로 신뢰했다. 그러나 시간이 흐르며 현실적인 문제가 닥쳤다. 먹이가 부족해진 것이다. 저공은 원숭이들에게 주는 도토리의 양을 줄여야 했다. 하지만 그는 단순히 양만 줄이기보다는, 원숭이들의 반발을 줄이기 위해 꾀를 냈다. 이렇게 말했다. "너희에게 도토리를 아침에 세 개, 저녁에 네 개씩 주겠다." 그러자 원숭이들은 모두 화를 냈다. 저공은 곧바로 말을 바꿨다. "그럼 이렇게 하자. 아침에 네 개, 저녁에 세 개로 하자." 이번에는 원숭이들이 기뻐하며 고개를 숙이고 절을 했다.

이 일화에서 유래한 고사성어가 바로 '조삼모사(朝三暮四)'이다. 본질적으로 도토리의 총량은 아침 세 개, 저녁 네 개이든, 아침 네 개, 저녁 세 개이든 똑같다. 하지만 원숭이들은 그 형식과 순서의 차이에 따라 전혀 다른 반응을 보였다. 이 이야기는 겉으로 보이는 형식과 순서가 때로는 실질보다 더 큰 영향을 미친다는 점, 그리고 인간의 인식이 얼마나 감정과 착각에 좌우되기 쉬운지를 풍자하고 있다. 이 교훈은 현대 사회에도 여전히 유효하다. 우리는 법과 제도, 규칙과 절차에 따라 살아가는 사회적 존재다. 모든 운동 경기에 룰이 있듯이, 사회도 공정한 질서를 유지하기 위해 법과 원칙이라는 공통의 기준을 둔다. 이 기준은 공동체의 합의로 형성된 것이며, 누구에게나 동일하게 적용되어야 한다. 그래야만 사회는 신뢰를 기반으로 유지되고, 구성원 간의 갈등을 최소화할 수 있다.

그러나 현실은 조삼모사에서 크게 벗어나지 않는다. 법과 원칙은 명확히 존재하지만, 그것이 편의적으로 해석되거나 상황에 따라 유연하게 적용되는 일이 너무도 많다. 법이 사람 위에 군림해야 함에도, 때로는 사람 위에 법이 있는 것이 아니라, 사람 위에 '사람의 해석'이 존재하는 아이러니를 우리는 경험한다.

예를 들어, 동일한 제도 개편 안 이라도 누가 발표하느냐, 어떤 시기에 시행되느냐에 따라 시민들의 반응은 극명하게 갈린다. 사실상 실질적 변화가 없는데도, 말의 뉘앙스나 전달 방식, 발표순서 등에 따라 찬반이 뒤바뀌기도 한다. 이는 결국 감정적 수용 여부가 판단의 기준이 되었음을 의미한다. 마치 도토리 세 개와 네 개의 순서가 전체 양은 같음에도 불구하고, 인식의 차이로 전혀 다른 결과를 초래한 원숭이들의 반응처럼 말이다.

오늘날 '공정'과 '공평'은 사회적 화두다. 많은 이들이 결과의 형평성 못지않게, 그것이 도출된 과정의 투명성과 절차의 정의로움을 중요시한다. 이제 사람들은 결과만을 따지지 않는다. 그것이 어떤 과정을 거쳐 만들어졌는지, 그 과정이 누구에게나 동일한 원칙 아래 적용되었는지를 본다. 그 과정이 타당했는가, 절차는 일관되었는가, 감정보다는 이성에 기반 했는가를 따진다. 공정이란 단어가 수사(修辭)가 아니라 신뢰의 기준이 되었기 때문이다.

진정한 공정은 결과의 균등만으로 성립되지 않는다. 그것은 원칙의 일관성, 절차의 정의로움, 상식에 근거한 판단, 그리고 구성원의 이해를 구하는 정직한 커뮤니케이션에서 비롯된다. 설령 결과가 누군가에게 손해처럼 보일지라도, 그 결정이 누구에게도 예외 없는 원칙에 기반하고 있다면 사람들은 납득할 수 있다. 반대로, 아무리 유리한 결과라 해도 그 과정이 왜곡되었거나 형식만 그럴듯했다면 그것은 '공정'이 아니라, '조삼모사'에 불과하다.

우리는 '공정'이라는 말이 진심으로 통용되는 사회를 원한다. 그러기 위해서는 실질을 따져야 하고, 감정에 앞서 이성의 기준을 세워야 한다. 속이 빈껍데기 같은 형식과 표현에 흔들리지 말고, 그 안에 담긴 '실질의 진실'을 볼 수 있어야 한다. 법과 제도의 신뢰는 '조삼모사'의 유혹을 넘어서려는 노력에서부터 출발한다. 그리고 그 기준은 바로 우리 모두가 조금 더 이성적이고 일관된 시민으로 살아가고자 하는 의지에서 비롯된다.

50. 편견의 렌즈로 살피는 세상

우리는 누구나 자신만의 '안경'을 쓰고 세상을 바라본다. 그 안경은 경험, 교육, 환경, 이념 등 다양한 요소로 만들어진다. 문제는 그 안경이 투명하지 않을 때다. 색안경을 낀 채 사물을 바라 보면, 객관은 주관에 눌리고, 상식은 편향에 갇히기 마련이다. 사람이나 사건, 사물에 대해 한쪽 면만 보고 성급히 판단하는 일은 결국 자신이 진실을 볼 수 있는 기회를 놓치고, 타인을 오해하며, 더 나아가 사회적 단절을 초래하는 결과로 이어진다.

편견은 보이지 않는 벽을 세운다. 그 벽은 타인을 가로막는 동시에, 자신의 시야를 가둔다. 편견 속에서 이루어지는 평가는 쉽게 극단에 치우치고, 차이를 갈등으로 오해하며, 다양성을 위협한다. 그리고 이러한 왜곡된 시선은 이른바 '내 편'과 '남의 편'을 나누며 사회 전체를 분열시키는 악순환의 시작점이 된다.

더불어 사는 사회에서 우리가 반드시 지켜야 할 것은 공정한 눈, 상식적인 기준, 그리고 일관된 원칙에 대한 신뢰다. 공정이란 단지 중립적인 태도를 의미하지 않는다. 그것은 모든 판단과 행동이 일정한 원칙 위에 서 있으며, 그 원칙이 누구에게도 예외 없이 적용된다는 확신을 의미한다.

임기응변의 형식으로는 일시적인 동의를 얻을 수 있을지 몰라도, 깨어 있는 시민의 눈과 귀는 진심을 구별한다. 진정한 공정은 말의 기교가 아니라 마음의 정직함에서 비롯되어야 한다. 정직함은 사회를 건강하게 지탱하는 가장 강력한 기반이며, 신뢰라는 사회적 자본을 형성하는 핵심 요소다.

우리는 복잡 다변화하는 세상 속에서 각기 다른 역할과 책임을 지며 살아간다. 누구는 자신의 적성에 맞는 일을 하며 기쁨을 느끼고, 또 누구는 마지못해 생계를 위한 노동을 감내하며 하루하루를 버틴다. 삶의 형태는 제각각이지만, 누구의 삶도 가볍지 않다. 중요한 것은 그 삶을 대하는 태도다. 그러나 현대 사회에서 가장 위험한 것은 자신이 맡은 일에 대한 자긍심을 상실하는 것이다. 자신을 하찮게 여기고, 세상이 불공평하다고만 느끼기 시작하면, 마음속에는 불만과 분노가 자리 잡고, 결국 그것은 타인과의 관계를 불신으로 물들인다. 이럴 때 우리는 종종 스스로에게 질문한다. "나는 이대로 괜찮은가?" "나는 어떻게 살아야 할까?"

이 질문은 단순한 푸념이 아니라, 내면 깊숙이 던지는 근원적 물음이며, 새로운 결단을 재촉하는 외침이다. 하지만 감정에 휩쓸려 현실을 쉽게 등지는 것은 성숙한 태도가 아니다. 성숙함은 지금 이 자리, 이 현실 속에서 나에게 주어진 조건을 바탕으로 최선의 결심과 행동을 도출하는 것에서 비롯된다.

삶은 단순히 '나의 몫'만을 지키는 것이 아니라, 그것을 통해 공동체와 어떻게 연결되고 영향을 주고받는지를 성찰하는 과정이기도 하다. 그래서 우리에게 필요한 것은 단단하면서도 유연한 내면의 자세다. 이분법적 사고에 갇히지 않고, 타인의 입장을 이해하며, 나의 가치관을 지키되 타인의 가치도 포용할 수 있는 '균형 잡힌 시선'이 바로 그것이다.

이 모든 실천의 중심에는 '품격'이 있다. 품격은 단지 겉모습이나 말씨가 고운 상태를 의미하지 않는다. 그것은 양심과 정직, 신뢰를 지키는 태도이며, 인간에 대한 존중을 잃지 않는 자세다. 스스로를 속이면서 타인을 대하는 사람은 결국 누구의 신뢰도 얻지 못한다. 언젠가 그 진실은 드러나고, 그 사람의 말과 행동은 모두 허위의 그림자 아래 놓이게 된다.

사람과 사람이 더불어 살아가는 사회에서, 신뢰는 가장 기본적인 질서이며, 이 질서를 지키는 것은 정직한 마음과 행동이다. 우리는 혼자 살아가는 존재가 아니기에, 타인과 맺는 관계는 곧 나의 삶의 질을 결정짓는 요인이 된다. 그 관계는 서로를 결합시키는 힘이 이탈하려는 힘보다 클 때 유지된다.

사회는 단일한 집단이 아니다. 수많은 가치관, 정체성, 세대, 지역, 계층이 복합적으로 구성되어 있다. 그렇기에 어느 한 집단만의 논리나 이익이 전체 사회를 대변할 수 없다. 나의 울타리에만 갇힌 사고는 결국 사회 전체를 불균형으로 몰고 간다.

진정한 공정은 나만의 이익이 아닌, 모두의 이익이 조화롭게 보장되는 구조를 만들려는 노력에서 출발한다. 오늘날 우리가 절대 잊지 말아야 할 가치는 바로 존중과 조화로움이다. 서로의 다름을 있는 그대로 인정하고, 각자의 몫을 존중하며, 함께 어우러져 살아가려는 태도 이것이야말로 지속 가능한 공동체를 만드는 유일한 길이다. 그것은 이상적인 구호가 아니라, 지금 우리가 실천해야 할 구체적인 삶의 자세이자 선한 책임이기도 하다.

51. 마스크와 가면의 경계

　우리가 타인과 구별되는 자신만의 독특한 특성을 흔히 '인성' 혹은 '퍼스낼리티(Personality)'라 부른다. 그러나 이 단어는 종종 '성격'과 혼용되어 혼란을 주기에, 많은 경우 원어 그대로 사용된다. 흥미롭게도 '퍼스낼리티'라는 말의 뿌리는 라틴어 페르소나(Persona)에 있다. 본래 이는 무대 위 배우가 쓰던 가면을 가리켰다. 결국 우리가 '나'라고 믿는 인격도 어떤 의미에서는 세상과 마주하기 위해 착용하는 가면의 또 다른 모습인지 모른다.

　영화나 문학에서 '페르소나'는 단순히 외형을 가리키지 않는다. 그것은 연출자의 의도를 대변하고, 역할에 완전히 몰입한 배우의 얼굴이 된다. 사회 속에서의 우리 역시 비슷하다. 개인은 고립된 존재가 아니라 가족과 공동체, 사회라는 무대 위에서 형성된다. 생물학적 존재였던 인간은 '사회화' 과정을 거쳐 특정한 규범과 가치관을 내면화하며, 그렇게 사회적 존재로 완성된다. 결국 '나'라는 얼굴도 온전히 나만의 것이 아니라, 타인의 시선 속에서 빚어진 사회적 산물이라 할 수 있다.

　우리는 흔히 웃는 얼굴을 통해 세상과 만난다. 웃음은 타인에게 위로가 되기도 하고, 마음을 열게 하는 다리이기도 하다. 그러나 냉혹한 현실 속에서 항상 웃음을 유지하는 일은 쉽지 않다. 직장과 일상에서 우리는 진심과는 다른 표정을 연기하며 살아간다. 일본의 심리학자 나스메 마코토가 말한 '스마일 마스크 증후군(Smile Mask

Syndrome)'은 바로 이 모순을 지적한다. 환한 웃음 뒤에 고통을 숨긴 채 살아가는 사람들, 특히 서비스 노동에 종사하는 이들에게서 자주 발견되는 이 증후군은, 결국 우리 시대의 초상이 되었다.

자신의 잘못이 아님에도 고객 앞에서 미소 지으며 사과해야 하고, 억눌린 감정을 뒤로한 채 친절을 연기해야 하는 삶. 이 과정에서 마음은 피로해지고, 몸마저 병들어 간다. 결국 그 미소는 하나의 '가면'이 된다. 문학 속 지킬 박사와 하이드의 이야기가 떠오른다. 낮에는 존경받는 의사였지만, 밤에는 억눌린 욕망의 화신으로 변했던 지킬. 그는 선과 악, 진심과 위선이라는 두 얼굴 사이에서 끊임없이 갈등했다. 하이드는 그가 숨기고자 했던 욕망의 가면이었고, 약물은 다시금 지킬로 되돌아가게 하는 또 하나의 마스크였다.

가면은 이처럼 단순한 장식품이 아니다. 그것은 정체성과 역할, 사회적 기대를 압축한 상징이다. 18~19세기 유럽의 가면무도회 장면을 떠올려 보자. 화려한 복식과 장엄한 음악 속에서 가면을 쓴 귀족들은 서로의 진짜 얼굴을 감춘 채 춤을 추었다. 그들의 미소는 낭만적이었지만, 동시에 권력과 욕망, 비밀을 감춘 은폐의 장치이기도 했다. 그러나 가면의 뿌리는 더 실용적이고 어두웠다. 중세 이탈리아에서 흑사병이 창궐했을 때, 의사들은 전염을 피하려 방독면 같은 긴 부리 모양의 가면을 썼다. 오늘날 우리가 쓰는 '마스크'는 바로 그때의 잔영을 이어받은 것이라 할 수 있다.

현대 사회에서 마스크는 이제 일상이다. 그러나 그것은 단순히 감염 예방의 기능을 넘어 또 다른 사회적 장치가 되었다. 우리는 마스크 뒤에서 감정을 숨기고, 이름 없는 익명성 속에서 살아간다. 서로의 표정을 읽지 못한 채, 관계는 점점 가벼워지고 진심은 희미해진다. 마스크는 보호막이자 동시에 벽이 된다. 안전을 보장하는 동시에, 우리를 고립시킨다.

그렇다면 우리는 지금 어디쯤에 서 있는가. 웃음을 가장한 가면을 쓰고, 위로를 가장한 미소를 지으며, 관계 속에서 나조차 잊어버린 채 살아가고 있는 것은 아닐까. 물론 가면은 필요하다. 그것은 사회적 관계를 원만하게 하는 윤활유이기도 하다. 그러나 그 경계가 지나치게 모호해질 때, 우리는 진짜 얼굴을 잃는다. '가면무도회' 속 주인공처럼, 얼굴과 얼굴이 아닌 가면과 가면이 마주한 세계에 갇히게 되는 것이다.

마스크와 가면의 경계, 그 흐릿한 선 위에서 우리는 오늘도 살아간다. "나는 지금, 어떤 얼굴로 살아가고 있는가?" 이 질문 앞에서만큼은, 우리는 더 이상 타인의 시선에 맞추어 꾸며낸 얼굴도, 사회적 역할을 위한 연극적 표정도 아닌, 가장 솔직한 나 자신의 얼굴로 대답할 수 있어야 한다. 그것이 비록 완벽하지 못하고, 때로는 흔들리며 부족해 보일지라도, 진실한 얼굴만이 삶의 무게를 견디고 타인의 마음에 진정으로 닿을 수 있기 때문이다.

마스크는 나를 보호하지만, 동시에 스스로를 가두기도 한다. 가면은 때로 우리를 빛나게 하지만, 동시에 진실한 나를 가리운다. 그러나 결국 인생의 마지막 순간, 남는 것은 화려한 가면도, 단단한 마스크도 아니다. 오직 나의 맨얼굴, 가장 꾸밈없는 진정한 나 자신뿐이다.

그러므로 우리는 오늘 이 순간에도 스스로에게 물어야 한다. 나는 어떤 얼굴로 사랑하고 있는가? 나는 어떤 얼굴로 관계를 맺고 있는가? 그리고 나는 어떤 얼굴로 나의 삶을 완성해 가고 있는가? 그 물음에 정직하게 대답할 수 있을 때, 비로소 우리는 마스크와 가면의 경계를 넘어선다. 그것은 단순히 얼굴을 드러내는 일이 아니라, 삶의 본질을 있는 그대로 받아들이는 용기이자, 자기 존재를 존중하는 가장 깊은 태도다. "나는 나의 얼굴로 살아왔다."고 말할 수 있는 그것이야말로 마스크와 가면의 경계를 살아가고 있는 우리들의 소박하고 아름다운 삶이 아닐까 생각된다.

52. 수치(羞恥)를 알면 사람답게 살 수 있다.

맹자는 "인(仁)은 사람이 사람답게 안주(安住)할 수 있는 천연의 본체요, 의(義)는 그 본체를 삶 속에서 올바로 실천하며 마땅히 걸어야 할 바른 길, 즉 정도(正道)를 걷게 하는 힘"이라고 했다. 또한 그는 "부끄러워할 줄 아는 마음이 의(義)의 단초"이며, "사람은 수치를 알아야 한다."고 강조하였다.

수치심(羞恥心)은 스스로를 부끄럽게 여기는 마음이다. 수치를 안다는 것은 인간에게 매우 중요한 일이다. 늘 임기응변의 변명으로 일관하는 사람은 수치라는 감정을 모르고 사는 사람이다. 그래서 "수치스러운 일을 아무렇지도 않게 여기는 사람의 인생은 남보다 못하며, 값없는 삶이 될 수밖에 없다."고 한 것이다.

마땅히 가야 할 바른길에서 벗어났음을 부끄러워할 줄 아는 마음에서 의(義)의 실마리가 풀리는 것이다. 인간이 동물과 구분되는 가장 근본적인 특성은 수치심을 갖는다는 것이다. 수치심은 자아와 자존감의 연장선에 있는 개념으로, 바르지 못한 행동을 했을 때 느끼는 내면의 양심이다.

이런 의미에서 수치심은 양심이 살아있고, 정의를 실천할 수 있는 내적 동력이기도 하다. 공동사회를 이루고 살아가는 우리는 타인에게 해가 되지 않으며, 사회적 규범과 공동체의 틀 속에서 순응하며 살아간다. 이는 옳고 그름을 구분할 줄 아는 의(義)의 감각과, 자신의 언행에 대해 부끄러움을 느낄 줄 아는 인간의 자각에서 비롯된

것이다.

의로움을 망각하고 수치를 잃으면, 인간은 짐승처럼 행동하게 된다. 거짓되고 이기적이며, 진정성 없는 말과 언행을 거리낌 없이 하게 될 것이다. '정의(義)'는 시대나 상황에 따라 그 해석이 다를 수 있지만, 동양 윤리의 핵심적 근간으로 오랜 시간 이상적 가치로 계승되어온 개념이다.

요즘 사회를 보면 의의 가치조차 퇴색되어 가고 있다는 안타까운 생각이 든다. 사람들은 마땅히 가야 할 바른길을 애써 찾기보다는, 그것이 지름길인지 돌아가는 길인지를 먼저 따진다. 바른길이 아니더라도 자신에게 유리하고 편리하다면 아무렇지도 않게 선택하는 모습을 주변에서 쉽게 발견할 수 있다.

더러는 뛰어난 말재주로 정의로운 척 처세의 재능을 과시하기도 하고, 약삭빠른 요령을 경험에서 우러난 진실인 양 포장해 임기응변의 능력을 자랑삼아 보이기도 한다. 그러나 임기응변이 습관이 되면 거짓말이 되고, 거짓말이 습관이 되면 결국 사기꾼이 되는 법이다.

우리가 거짓의 늪에서 벗어나지 못하는 이유는, 세상의 모든 진리가 상대적이라는 생각에 빠져 절대적 진리가 있음을 모르기 때문이다. 절대적 진리를 품지 못한 사람은 매 순간, 상황과 장소에 따라 판단과 행위가 달라질 수밖에 없다. 거짓말을 하는 사람은 자기 안에 신념과 믿음, 그리고 원칙이 없는 사람이다.

그런 이들은 매번 주어진 상황에만 적응하며 살아남는 것이 곧 진리라고 여긴다. 자신의 주장을 관철하는 데 있어, 그것이 나에게 이익이 될 때만 '진리' 혹은 '정의'로 합리화시키는 것이다. 의와 공정은 특정한 사람이나 목적에 따라 달라지는 것이 아니라, 상식적인 사람이 자신의 언행에 대해 수치심이라는 잣대를 적용해볼 때 보편타당한 것이어야 한다.

우리 사회가 불신과 이기심, 진영 논리에 빠져 시시비비를 가리지 못하고, 자신의 감정과 기준에 따라 타인을 인정하지 않으며, 심지어는 자기 이익을 위해 타인을 폄훼하고 인격을 훼손하는 이유는 바로 인간으로서 가져야 할 수치심이 결여되어 있기 때문이라고 생각한다.

사람답게 산다는 것, 그것은 타인으로부터 존중받고 인정받는 삶이다. 그러한 삶을 위해서는 자신의 언행에 진정성을 지니고, 내면에 수치를 느낄 수 있는 양심이 있어야 한다. 사람답게 사는 길은 결국, 자신의 말과 행동이 정도(正道)에 부합하는지 수치심의 잣대를 통해 스스로 돌아볼 줄 아는 데서 시작된다. 단순하지만 본질적인 사실을 잊지 않고 살아야 한다.

53. 말의 덫, 모사꾼을 경계하다.

우리 주변에는 사람 사이의 관계를 이용해 일을 주선하고 그 과정에서 부수적인 이익을 취하는 이들이 적지 않다. 우리는 이들을 흔히 '모사꾼'이라 부른다. 특히 정치적 이해관계가 얽힌 민감한 사안일수록, 이들은 더 은밀하고 집요하게 개입한다. 겉으로는 조언자인 듯 언행을 조심하지만, 실상은 교묘한 언변과 술수로 타인의 판단을 흐리고 자신만의 이익을 챙긴다. 마치 상대를 위하는 척하지만, 결국 모든 말과 행동의 방향은 자신을 향해 있다.

'모사꾼(謀士)'이라는 말은 원래 중국 고대 군주의 곁에서 전략을 조언하던 참모 집단에서 유래했다. 전쟁이나 정치, 행정 등에서 지혜를 보태는 이들이었지만, 이들은 책임을 지지 않는 위치에 있었다. 전략은 세웠으되 화살은 날리지 않는 자들. 결과의 무게는 남에게 떠넘기고, 공은 자신이 챙기려는 사람들. 이러한 이들의 말은 늘 논리적이고 유창하며, 때로는 달콤하게 들릴지 모르나, 그 안에는 계산된 이해관계와 위험한 함정이 숨어 있다.

우리 역사 속에서도 모사꾼의 전형은 명확하게 드러난다. 조선 500년의 역사 가운데 국정을 혼란에 빠뜨린 대표적인 인물로 유자광이 있다. 그는 뛰어난 정치 감각과 말재주를 바탕으로 사익을 추구하며, 정적을 제거하고 권력을 움켜쥐기 위해 온갖 음모와 계략을 일삼았다. 무오사화, 갑자사화 등 정치적 참극의 중심에 서 있었고, 결과적으로는 유배지에서 비참한 최후를 맞이한다. 한때는 권세를 마음껏 누렸으나, 그의 이름은 부끄러운 과거의 대명사로 남았다. 이는 권력을 등에 업은 모사꾼의 전형적인 말로를 상징적으로 보여 준다.

고대 중국 제나라 환공이 명재상 관중에게 나라를 다스리는 데 있어 가장 경계해야 할 것이 무엇인지 물었을 때, 관중은 이렇게 답했다.

"사당의 쥐가 가장 위험합니다. 사당은 신성한 곳이라 불을 놓을 수도 없고, 물을 부을 수도 없어 쥐를 잡을 수 없습니다. 권력자의 가까운 곁에 있는 모사꾼들이 이와 같습니다. 그들은 임금의 판단을 흐리고, 백성에게 해를 끼치면서도 쉽게 제거할 수 없는 존재입니다."

관중의 이 말은 시대를 초월한 경고다. 권력자의 곁에서 정당한 비판자 행세를 하며 은밀히 영향력을 행사하고, 그 권력의 그늘에 숨어 기생하는 자들. 그들이 뿌리는 말은 비판과 조언으로 가장되어 있으나, 실은 편견과 오해, 분열을 조장하는 말의 독이다.

현대 사회에서도 이와 같은 모사꾼은 여전히 존재한다. 시대가 변하고 소통의 방식이 달라졌을 뿐, 본질은 달라지지 않았다. 특히 선거철이 되면 이들은 더욱 활발히 움직이며, 정치판 곳곳에서 존재감을 드러낸다. 자신이 영향력을 행사하고 있다는 착각 속에, 이 사람에게는 이런 말을, 저 사람에게는 저런 말을 흘리며 이간질과 모략을 일삼는다. 겉으로는 충직한 조언자인 척하지만, 속내는 "원님 덕에 나팔 한 번 불어보자."는 얄팍한 셈법으로 가득하다.

이들은 때로 감언이설로 정책 방향을 왜곡시키고, 때로는 특정

인물에 대한 오해를 확대 재생산하며 관계를 파탄 낸다. 그 결과 권력자 주변에는 아첨과 왜곡, 편향된 정보가 난무하고, 결국 권력자는 눈과 귀를 잃고 만다. 중요한 결정을 내려야 할 때 올바른 정보를 놓치고, 정작 믿어야 할 사람을 의심하게 되는 것이다.

모사꾼의 말은 순간적으로 달콤할 수 있으나, 그 끝은 대개 씁쓸하다. 그들은 자신의 손에 피를 묻히지 않고도 누군가를 무너뜨리고, 다른 누군가를 끌어올린다. 하지만 책임을 지지 않기에 상황이 불리해지면 누구보다 먼저 빠져나간다. 실체 없는 존재감을 부풀리다 결국 허망한 최후를 맞는 것이다. 이는 과거의 역사에서도, 오늘의 현실에서도 되풀이되는 진실이다.

그러므로 우리는 이들과 거리를 둘 필요가 있다. 이들과 얽히지 않고, 그들의 말에 휘둘리지 않으며, 자신만의 중심을 지켜야 한다. 흔들리지 않는 가치관과 정확한 판단력은 모사꾼의 감언이설을 이겨낼 수 있는 최고의 방패다. 모사꾼을 경계하는 일은 곧 내 삶의 평정을 지키는 일이자, 내 공동체의 건강을 지키는 일이기도 하다.

진정한 리더는 아첨보다 고언을 귀 기울여 듣고, 말보다 실천을 중시하며, 사람의 언변보다 인격과 진실을 먼저 본다. 말에 현혹되지 않고, 사람의 본질을 꿰뚫어보는 눈. 그것이 어지러운 세상 속에서 나 자신을 지키는 또 하나의 지혜로운 처신이라 생각된다.

54. 세상의 전환점에서

인류는 지금, 오랜 세월 이어온 역사 속에서 가장 위태로운 전환점에 서 있는 듯하다. 눈부신 과학의 발전과 문명의 진보는 우리의 삶을 혁신하며 전례 없는 편리함과 안락함을 선사했다. 하지만 그 빛나는 혜택의 이면에서는 불길한 그림자가 서서히 짙어지고 있다. 인간이 자연을 이해하고 다스리려 했던 지혜는 어느덧 자연을 압도하려는 오만으로 변질되었고, 생명의 섭리를 조율하려는 시도는 인류의 생존 자체를 위협하는 문턱까지 우리를 몰고 왔다.

우주가 탄생한 이래로 인간은 늘 편리와 안락을 좇으며 자연을 이용해왔다. 최초의 도구를 만들어내고 불을 다루던 원시인부터, 농경과 목축으로 생존 방식을 바꾸고, 산업혁명과 기술혁신을 거치며 문명을 일군 지금까지, 인간의 진화는 곧 자연과의 끊임없는 싸움이었다. 지식은 기술로 전환되었고, 기술은 다시 문명을 이끌며, 이제 문명은 인간보다 앞서 달리고 있는 듯하다.

오늘날 과학은 질병을 치료하고 수명을 연장하는 데 그치지 않고, 생명의 시작마저 실험실 안에서 설계할 수 있는 경지에 이르렀다. 인공지능이 인간의 사고와 감정을 모방하고, 판단조차 알고리즘에 의존하는 시대에 접어들었다. 인간은 점차 스스로 생각하는 존재라기보다, 데이터와 기계가 규정하는 정보의 집합체로 전락하는 듯하다. 그런 현실 앞에서 우리는 스스로 묻지 않을 수 없다. 우리는 과연 어떤 존재가 되어가고 있는가?

언젠가부터 인간은 스스로를 주체로 세우기보다, 기계의 효율과 숫자의 판단을 맹목적으로 신봉하는 쪽으로 기울었다. 사색과 성찰은 더 이상 인간만의 전유물이 아니며, 감정조차 차갑고 객관적인 숫자로 환원되고 있다. 이로 인해 인간은 단지 생물학적 존재의 껍데기로 남고, 정신과 육체, 심지어 영혼마저도 과학과 기술에 위탁해버린 듯한 기묘한 착각마저 든다.

우리가 추구했던 자유와 평등, 사랑과 평화, 문명의 이상은 점점 멀어지고 있다. 억압과 빈곤, 무지와 예속에서 벗어나고자 했던 그 열망이 오늘의 이 길목에 우리를 데려다 놓았다. 그러나 그 길 끝에서 우리는 다시 묻는다. 이것이 정말 우리가 바라던 미래였던가?

현대 사회의 일상은 인간 존재의 절대적 가치를 점차 희석시키고, 인간을 상대적이고 소모적인 존재로 전락시키고 있다. 범람하는 범죄와 이해할 수 없는 폭력, 도덕적 붕괴 속에서 '인간 존중'이라는 단어는 메아리처럼 공허하게 울린다. 마치 전기가 끊긴 가상공간의 이미지처럼, 인간의 삶도 점점 실체 없는 그림자처럼 희미해지는 것은 아닐까 하는 두려움이 밀려온다.

과학은 신의 자리마저 넘보며 인간 위에 군림하기 시작했다. 그리고 우리는 알게 모르게 자신이 만든 문명의 굴레에 갇혀버렸다. 넘쳐나는 풍요로움 속에서 우리는 오히려 인간다움을 잃고, 자신의 본질을 잊어가고 있다. 프랑스 소설에 등장하는, 잘 먹어 살이 오른 개가 쇠사슬에 묶여 자유를 잃은 채 살아가는 모습처럼 말이다. 지금, 우리는 멈춰 서서 되돌아봐야 한다. 과학과 경제, 정치가 인간을 위해 존재하는 것임을 다시 깨달아야 한다. 인간이 그것들을 위해 존재하는 것이 아니다. 인간의 존엄과 생명의 가치를 회복하지 않는다면, 우리는 결코 진정한 행복에 이를 수 없다.

무엇보다도 지금 우리에게 필요한 것은 인간 내면에 여전히 남아 있는 '양심'을 일깨우는 일이다. 양심은 인간성 회복의 출발점이며, 그 바탕 위에 사람이 사람답게 살아갈 수 있는 사회가 서야 한다. 양심 없는 지성은 공허하며, 지성 없는 양심은 맹목적이다. 이 둘은 결코 분리될 수 없는 인간 존재의 근간이며, 삶의 본질을 이루는 두 축이다. 지성과 양심이 조화를 이루고 살아 숨 쉬는 사회, 그것이 바로 사람이 사람답게 살아가는 세상이 아닐까. 지금 이 시대, 푸르른 유월의 나뭇잎처럼 우리의 생각도 맑고 청명해지기를, 그리고 인간성 회복을 위해 우리는 희생하고 헌신해야 함을 잊어서는 안된다.

55. 스톡데일 패러독스의 유연성

코로나19를 겪으며 우리는 새삼 '먹고사는 일'이 결코 가볍지 않다는 사실을 실감했다. 예기치 못한 팬데믹은 단순한 감염병 확산을 넘어, 경제적 위기와 기회비용의 손실을 불러왔고, 가계 경제는 무너졌으며 소상공인들의 삶은 생존의 벼랑 끝으로 내몰렸다. 쉽게 회복의 돌파구를 찾기 어려운 현실은 우리에게 뼈아픈 교훈을 안겨주었다.

과거의 불경기는 경제 논리 속에서 시작되어 일정 부분 예측 가능했다. 그러나 코로나로 촉발된 이번 위기는 생물학적이며 의학적인 영역에서 비롯된 탓에, 그 불확실성과 혼란은 훨씬 더 깊고 광범위하다.

우리는 지난 1980년대 이후, 눈부신 경제 성장과 함께 자본주의의 달콤한 유혹을 마음껏 누려왔다. 믿기 힘들 만큼의 성장, 눈부신 생활수준의 향상 속에서 '돈이 있으면 모든 것이 해결된다.'는 경제 논리에 익숙해져 있었다. 그러나 코로나는 그 믿음에 균열을 냈다.

팬데믹 이후 우리는 깨달았다. 자본주의의 전제는 언제든 도전받을 수 있으며, 이전과 같은 일상이 다시는 돌아오지 않을 수 있다는 상실감과 함께, 삶의 양식 또한 근본적으로 달라져야 한다는 일종의 경고처럼 느껴진다.

다가올 미래에 대한 불확실성은 누구에게나 두려움을 안겨준다. 만일 지금의 고통과 불편함이 결국 좋은 결과로 이어질 것이라는 확신이 있다면, 우리는 그 시간을 인내하며 견딜 수 있을 것이다. 하지만 현실은 백신과 치료제가 모든 것을 해결해줄 것이라는 낙관과, 변이 바이러스의 등장으로 모든 것이 더 악화될 수도 있다는 비관 사이에서 흔들린다.

그래도 우리는 이 또한 지나갈 것이라는 믿음을 놓아서는 안 된다. 그 믿음이야말로 이 시기를 견디고 이겨내는 원동력이다. 중요한 것은, 낙관과 비관 사이에서 균형을 이루는 지혜이며, 그 지혜는 유연함에서 비롯된다. 이와 관련해 떠오르는 인물이 있다.

베트남 전쟁 당시, 북베트남군에게 포로로 붙잡힌 미국의 스톡데일 제독은 참혹한 포로 생활을 버텨낸 인물이다. 그는 말했다. "포로 생활을 견뎌낸 사람들은 '곧 전쟁이 끝날 거야.'라고 믿은 낙관주의자가 아니라, 전쟁이 오래 지속될 것이라는 현실을 냉정하게 인식한 이들이었다. 다만, 언젠가는 가족에게 돌아갈 수 있을 것이라는 믿음을 잃지 않았던 사람들이다."

그의 태도는 '스톡데일 패러독스(Stockdale Paradox)'로 불린다. 즉, 냉혹한 현실을 직시하면서도 궁극적인 희망을 잃지 않는 자세야말로 위기의 시대를 이겨내는 힘이라는 것이다.

지금 우리는 누구도 예외 없이 고통의 시간을 지나고 있다. 살아남기 위해 몸부림치며, 한 치 앞도 내다보기 힘든 현실 앞에 서 있다. 그래서 더욱, 냉정하고 객관적인 시각이 필요하다. 미래에 대한 가치를 잃지 않으며, 자신에 대한 믿음과 열정을 지켜야 한다.

낙관주의가 무너지는 순간은 대부분 '근거 없는 낙관'이 절망으로 바뀔 때다. 반대로, 눈앞의 냉혹한 현실에 함몰되어 모든 가능성을 닫아버리는 비관 역시 또 다른 위기를 낳는다.

스위스의 경제학자 에곤 폰 그레이예츠(Egon von Greyerz)는 2019년 8월 이렇게 말했다. "앞으로 5년은 승리가 아니라 생존의 시간이다." 그는 코로나를 위기의 원인이 아니라 '촉매'라고 보았다. 이미 구조적으로 취약해진 세계 시스템은, 코로나로 인해 그 한계가 드러난 것뿐이다. 그는 또 이런 조언도 남겼다. "폭풍이 지나가기를 기다리지 말고, 빗속에서 춤추는 법을 배워라." 이는 단순한 시적 표현이 아니라, 멈추지 않을 위기의 시대를 살아가는 우리 모두에게 꼭 필요한 생존 전략이다. 우리는 누군가의 보호 아래 있는 존재가 아니다. 누구도 우리의 생존을 대신 책임져주지 않는다. 그러기에 더욱, 변화에 적응하고, 이겨내야 한다.

지구의 환경적 영향으로 다가올 미지의 바이러스에 대한 두려움과 대비에 대한 백신이나 치료제 보다 더 중요한 것은 유연한 사고와 현실을 보는 힘을 길러야 할 때다. 아울러 인간의 생태계를 위협하는 것은 바이러스뿐 아니라 이념과 탐욕에 대한 것도 만만찮게 우리를 위협하고 있다. 불투명하고 복잡한 현대를 살아가는 우리들의 삶 그 중심에는 '스톡데일 패러독스의 유연성',이 자리하고 있어야 한다.

56. 가을빛에 넉넉한 마음

우리나라에서 살아가는 즐거움 중 하나는 단연 가을을 맞이하는 기쁨일 것이다.

에메랄드빛으로 눈부신 가을 하늘, 높고 푸른 그 공간은 우리의 마음을 차분하게 가라앉히며, 때로는 겸손하게, 또 넉넉한 감사를 품게 한다. 나무의 잎들은 서서히 빛깔을 바꾸며 계절의 변화를 알리고, 들녘의 곡식들은 고개 숙여 수확의 기쁨을 준비한다. 자연의 호흡은 언제나 우리를 초대하듯 다가와, 잠시 멈추어 서서 삶을 돌아보게 한다. 이 계절이 주는 감정은 늘 이중적이다. 가득 익어가는 풍요와 그 이면의 쓸쓸함, 충만과 고독이 동시에 깃든다. 독일의 시인 릴케가 "가을날"에서 노래했듯이, 가을은 마지막 빛을 품으면서도 사라짐을 예감하는 계절이다. "마지막 과실을 익게 하시고, 이틀만 더 남국의 햇빛을 주시어, 그들을 완성시켜 마지막 단맛이 짙은 포도주 속에 스미게 하소서." 이 구절은 풍요 속의 고독을 정직하게 드러낸다. 결실의 달콤함 뒤에 오는 것은 늘 비움과 소멸이기 때문이다.

어느 철학자는 사계를 여인에 비유했다. 봄은 설레는 처녀, 여름은 넉넉한 어머니, 가을은 고요한 미망인, 겨울은 차가운 계모라 했다. 계절은 이렇게 우리 삶의 모양을 닮아있다. 봄의 설렘은 시작의 기쁨이고, 여름의 넉넉함은 모성의 품처럼 세상을 감싼다. 그러나 가을은 결실을 거두면서도 홀로 남겨진 듯한 고독을 품고, 겨울은 모든 것을 껴안으나 그 속엔 차갑고 묵직한 침묵이 흐른다. 우리는 이 사계절의 순환 속에서 인생의 이치를 배우고, 덧없음을 알면서도 다시 살아갈 용기를 얻는다.

이렇듯 계절이 바뀌는 풍경은 인간의 삶에 귀한 비유를 남겨주지만, 정작 우리가 살아가는 현실은 계절의 평화로움과는 사뭇 다르다. 지금 우리는 혼돈과 두려움의 시대를 지나고 있다. 정치적 이념의 갈등과 집단적 팬덤의 양극화는 사람들의 마음을 갈라놓고, 사회적 혼란은 민생의 뿌리를 흔든다. 그로 인해 공동체는 균열을 드러내고, 개인의 내면에는 결핍이 심화된다. 물질은 풍족해졌으나 마음은 점점 더 메말라 가는 아이러니가 우리 앞에 놓여 있다. 더 우려스러운 것은 눈에 보이지 않는 정신적 굶주림이다. 이것은 단순한 불안이나 고독을 넘어 인간의 존엄과 삶의 활력을 갉아먹는다. 과거 구소련이 보여준 몰락의 사례는 이를 여실히 증명한다. 물질적 생산력은 중시했으나 학문과 예술, 윤리와 신앙 같은 정신의 기반을 무시했을 때, 거대한 국가조차 쉽게 무너졌다. 경제력과 무력만으로는 사람의 마음을 지켜낼 수 없었던 것이다. 국가의 존망조차 정신의 생산력, 즉 마음의 힘에 달려 있음을 역사는 말해준다.

이제 우리에게 필요한 것은 물질적 우위를 좇는 것이 아니라, 정신의 풍요를 삶의 중심에 두는 일이다. 강한 육체도 약한 정신을 지켜주지 못하지만, 단단한 정신은 약한 몸을 끝내 버티게 한다. 오늘의 불확실한 시대를 견뎌내는 힘은 경제지표에서가 아니라, 각자의 내면이 지닌 차분한 균형과 넉넉한 마음에서 비롯된다.

언론은 연일 경기침체와 가계 위기를 보도하지만, 정작 더 깊은 고립과 황폐함을 겪는 개인의 마음에 대해서는 침묵한다. 그러나 우리가 겪는 진짜 '보릿고개'는 끼니가 아니라 마음의 굶주림이다. 서로의 마음을 돌보고, 함께 살아가는 관계의 그물망을 다시 잇지 못한다면, 우리는 풍요 속에서도 허기를 느낄 수밖에 없다.

결실의 계절 가을, 오곡백과가 무르익고 대지가 황금빛으로 빛나는 지금이야말로, 우리는 삶의 중심을 다시 잡아야 할 때다. 정치적 이념이나 팬덤의 갈등에 스스로를 가두지 말고, 옆 사람의 얼굴을 바라보며 그 안에서 희망을 발견해야 한다. "길은 잃어도 사람은 잃지 말라."는 옛말처럼, 가장 소중한 것은 언제나 사람과 사람의 관계다. 마음을 잃지 않는 것, 서로를 지켜내는 것이야말로 위기를 넘어서는 힘이다. 가을은 우리에게 묻는다. "너는 무엇을 지키며 살아가고 있는가?" 그 물음 앞에서 우리는 마음의 중심을 붙들고, 다시 서로를 향해 손 내밀어야 한다. 가을빛에 넉넉한 마음을 담을 때, 우리는 비로소 희망을 함께 나누는 길 위에 선다. 자연이 그러하듯, 인간의 삶도 고독과 풍요, 쓸쓸함과 기쁨이 함께 흐른다. 그러나 그 속에서 서로의 마음을 지켜주고 따뜻하게 어루만질 수 있다면, 계절의 고독조차도 결국은 삶의 풍요로 이어질 것이다. 가을은 우리에게 풍요를 주되, 동시에 더 깊은 성찰과 희망의 씨앗을 심어준다. 그 씨앗을 가슴에 품는 일, 그것이야말로 이 계절을 살아가는 우리의 가장 큰 축복일 것이다.

57. 바이러스와 인간다움

지구의 나이는 약 45억 4천만 년으로 추정된다. 이 어마어마한 세월은 수많은 탐구와 논쟁 끝에 겨우 밝혀진 숫자다. 그 긴 시간을 견뎌내며 생명이 살아 숨 쉬는 이 공간, 지구가 존재한다는 사실은 그 자체로 경이롭고 신비하다.

우리 주변 다른 별들에서는 생명의 존재 가능성이 희박하다는 이야기가 많다. 그럼에도 지구에만 다양한 생명체가, 그중에서도 인간이 존재한다는 점은 참으로 놀랍고, 어쩐지 마음을 설레게 한다. 하지만 찬란한 역사를 이어온 이 지구가 지금, 심각한 위기 앞에 서 있다. 19세기는 '신의 죽음'을 선언했고, 20세기는 '인간의 죽음'을 이야기했다. 현대 문명은 점점 더 빠른 속도로 그 종착지를 향해 질주하는 듯하다.

'만물의 영장'이라는 숭고한 이름을 부여받은 인간은 과연 그 이름에 걸맞은 삶을 살고 있는가? 탁월한 사고 능력은 오히려 인간 스스로를 더욱 비참하게 만드는 무기가 되지는 않았는가. 현대인은 진실 되고 깊이 있는 삶보다, 껍데기뿐인 맹목적이고 피상적인 삶에 빠져 헤매고 있다. 전 세계를 공포에 몰아넣은 코로나19의 시대, 우리는 멈춰 서서 묻지 않을 수 없다.

이 바이러스의 창궐은 어쩌면 원칙 없는 사회, 상식이 무너진 세상에 대한 자연스러운 반작용일지도 모른다. 과거에도 경고는 있었다. 사스와 신종플루 유행 당시, 과학 저널 "사이언스"는 "곧 새로운 바이러스 변종이 나타날 것"이라고 경고했다.

　더 오래 전, 14세기 유럽을 휩쓴 흑사병은 중세 사회를 뿌리째 흔든 거대한 충격이었다. 당시 사람들은 그것이 아시아나 이집트에서 시작되었다고 믿었으나, 오늘날 연구에 따르면 흑사병은 1346년경 크림반도 남부 연안에서 발생해 무역 항로를 따라 지중해로 퍼졌다고 한다. 병의 확산은 무역으로 인한 빈번한 교류, 비위생적인 도시 환경, 그리고 질병에 대한 무지에서 비롯되었다. 전 세계적으로 위기를 겪었던 코로나19 역시 인간의 식생활과 생활 방식과 무관하지 않은 결과일 수 있다. 원인이 무엇이든, 우리가 지금 할 수 있는 최선의 방어책은 의외로 단순하다. 마스크 착용, 손 씻기, 청결한 생활을 강조하고 있다.

　21세기 최첨단 정보화 시대를 살아가는 우리가 마주한 위협 앞에서, 가장 효과적인 해결책이 가장 원시적인 방법이라는 사실은 역설적이다. 바이러스의 위협에서 벗어나는 길은 사회적 거리 두기, 불필요한 접촉을 줄이고 자신을 관리하는 것이다.

　이것은 마치 기술과 문명이 극대화된 사회 속에서 인간 본연의 삶으로 돌아가라는 경고처럼 느껴진다. 과거로 완전히 되돌아갈 수는 없지만, 이제는 무분별한 생활방식을 멈출 때다. 생명과 윤리를 무시한 채 이윤만 좇는 경제 중심의 생활방식은 더 이상 지속될 수 없다. 사람 중심의 원칙과 인간답게 사는 삶의 회복을 간절히 바라야 할 때다.

　우리는 지금 마치 가상 세계 '메트릭스' 속에 갇힌 듯한 현실에서 바이러스와 전쟁을 벌이고 있다. 이 전쟁에서 가장 먼저 무너지는 이들은 면역력이 약한 사람들이다.

앞으로 올 더 강력한 전염병에 맞서기 위해서라도 우리는 생활습관을 바로잡고, 면역 강화를 위해 노력해야 한다. 그것은 나를 위한 일이자, 타인을 위한 일이며, 사회 전체의 건강한 회복을 위한 책임 있는 선택이다. 사회적 거리 두기와 제한된 접촉은 기계적이고 소외된 사회를 벗어나 인간 중심의 본질적인 사회로 회귀하는 하나의 과정이었다. 이제 그 지루하고 힘든 시간을 견디고 일상으로 돌아왔다. 그 힘든 기억 속에 남겨진 하나는 인간은 더불어 살아간다는 사실이다. 우리는 다시 사람을 향해 걸어가야 한다. 본래의 자리, 인간다움이 숨 쉬는 그곳으로 말이다.

58. 네 덕, 내 탓의 인간관계가 그립다.

'경영의 신'이라 불렸던 마쓰시타 고노스케 회장은 자신의 가난함과 허약함, 그리고 배우지 못한 것을 '하늘이 내린 세 가지 은혜'라고 말했다. 그는 이렇게 회고했다.

"나는 가난했기에 부지런히 일했고, 허약했기에 건강을 돌보며 90세까지 살았으며, 배우지 못했기에 언제나 겸손한 마음으로 배움을 구했다." 그는 자신이 가진 부족함을 있는 그대로 인정했고, 이를 극복하기 위해 끊임없이 노력했다. 이런 태도야말로 그를 위대한 경영자로 만든 밑바탕이 아니었을까. 하지만 우리 대부분은 삶의 어려움이나 문제 앞에서 자신을 돌아보기보다는 쉽게 남 탓을 하곤 한다.

스칸디나비아 속담에 "북풍이 바이킹을 만들었다."는 말이 있다. 매서운 북풍을 탓하지 않고 그것을 이겨낸 사람들. 바로 그런 자세가 우리에게 필요한 것은 아닐까. 시련과 고난을 자신의 책임으로 받아들이고 이를 성장의 기회로 삼는 태도야말로 진정한 자기 성찰이다. 우리는 종종 남의 허물에는 민감하면서도, 자신의 잘못에는 눈을 감는다.

자신의 단점과 부족함을 남의 지적 없이도 스스로 알고 고쳐나가는 사람, 그런 사람을 우리는 '인품이 깊다'고 말한다. 그렇지만 실제로는 자신의 관점에서만 상황을 판단하고, 자기 입장을 합리화하며, 타인을 쉽게 평가하고 단정 지으려는 경향이 있다. 이런 습성을 극복하기란 결코 쉽지 않다. 중국 고전 속 맹자의 일화가 문득 떠오른다.

어느 날 맹자가 내실에 들렀다가 부인이 창틀에 걸터앉아 있는 모습을 보고 화를 내며, 부덕한 행실을 이유로 아내를 내쫓겠다고 어머니께 고했다. 그러자 그의 어머니는 오히려 맹자를 꾸짖었다. "군자가 내실에 들어설 땐 먼저 옷매무새를 단정히 하고, 기침으로 방문의 뜻을 알려야 하는 법이다. 그러지 않아 부인이 부덕한 모습을 보인 것이라면, 그것은 네 허물이 더 큰 것이 아니냐." 맹자의 어머니가 아들의 인격 수양을 위해 세 번이나 이사를 했다는 고사처럼, 이 일화에서도 지혜로운 성찰이 담겨 있다. 맹자 같은 성인도 그러했거늘, 우리 보통 사람들에게는 자신의 허물을 먼저 돌아보기란 더욱 어려운 일일 것이다. 흔히들 말한다. "자신의 눈에 들보는 못 보면서 남의 눈에 있는 티는 잘도 본다." 잘되면 '내 덕'이고, 일이 틀어지면 '조상 탓'이라는 말도 있다. 인간관계에서 중요한 것은, 언제나 '내 탓'이라는 마음으로 자신을 돌아보는 자세라고 여겨진다. 우리 사회는 컴퓨터의 발달로 인해 생활환경은 물론, 인간관계의 지형도 크게 달라졌다.

사람 간의 만남을 줄어들었고, '언택트'라는 신조어처럼 얼굴을 마주하지 않고도 물건을 사고 서비스를 이용하는 시대가 되었다. 사람과의 소통은 SNS 같은 디지털 플랫폼에 의존하게 되었다. 상대를 이해하기보다 자신의 입장에서 판단하고, 존재감만을 드러내려는 방식이 점점 일상화되고 있다. 예전에는 만나서 대화하고, 눈을 맞추며 교감하는 아날로그 방식의 관계가 보편적이었다. 하지만 이제는 사이버 공간에서 일방적인 표현과 판단으로 관계를 맺고, 단숨에 친구가 되었다가 쉽게 끊어지는 디지털 관계가 일반화되고 있다.

SNS의 편리함은 분명하지만, 그 속에는 관계의 깊이를 담아내지 못하는 한계도 존재한다. 십수년 쌓아온 인연도 기기에서 '차단' 한 번으로 단절될 수 있다. 그만큼 빠르고 간편한 디지털 문화 속에서 인간관계는 점점 가벼워지고 있는지도 모른다.

그러나 인간관계만큼은 다소 느리고, 때로는 손해를 보는 것 같더라도 아날로그적 정성과 인내가 필요하다. 중요한 것은 관계를 맺는 '마음'이다. 디지털이든 아날로그든 '내 탓'이라 생각하며 상대의 입장을 헤아리고, '네 덕'이라 여겨 감사할 줄 아는 마음. 그런 마음이 오가는 관계가 오래도록 깊이 있는 관계로 이어질 것이다. 보여지는 것만으로 판단하고 기기에 의존하여 자신의 입장만 주장하는 그런 모습이 아니라 상대의 마음을 헤아리며, 잘 된 것은 네 덕이고 못된 것은 내 탓이 라고 표현해주는 그런 관계를 기대해본다.

59. 가치와 순리의 질서

"순리대로 살아라." 이 말은 우리 삶에 늘 따라다니는 익숙한 지침이자, 때로는 가장 깊은 뜻을 담은 조언이다. 순리(順理)란 사물의 이치와 도리를 따르는 것을 뜻한다. 우리는 힘들고 복잡한 문제에 부딪힐 때면 종종 이렇게 듣는다. "순리대로 처리하는 것이 가장 현명하다."

경제라는 영역도 결코 예외가 아니다. 경제에 있어서 순리는 곧 '시장질서'를 말한다.

시장질서란 다수의 사람들이 자발적으로 행하는 수많은 거래와 선택의 결과로 자연스럽게 형성되는 하나의 질서다. 물건을 사고파는 행위는 수요와 공급이라는 원리에 따라 가격을 만들어내고, 그 가격은 시장 참가자들이 자율적으로 받아들이는 일종의 사회적 합의다. 따라서 '순리대로 살아라.'는 말은 단지 개인의 삶의 태도에 머무르지 않고, 사람과 사회, 제도 간의 조화로운 상호작용을 이뤄내야 한다는 깊은 의미를 담고 있다.

우리 각자도 사회생활과 처세에 있어서 순리를 따르려 애쓴다. 그것은 무의식적인 노력일지라도, 개인행동이 사회 전체 질서에 어긋나지 않고, 더 나아가 사회의 이익을 극대화하는 길을 걷고자 하는 본능적 태도다. 결국, 개인과 사회, 그리고 국가 경제를 가장 효율적으로 움직이는 원동력은 이처럼 자연스러운 '시장 순리'에 따르는 데 있다. 하지만 현실은 종종 이 원칙과 어긋나기도 한다.

사람들은 자신에 대한 지나친 평가, 즉 주관적인 가치로 자신을 과대 포장하려는 유혹에 빠진다. 시장이라는 공정한 평가 체계보다 자신을 더 높게, 때로는 비현실적으로 바라보며 대우를 요구한다. 물론, 이 주관적인 가치 자체를 완전히 부정할 수는 없다. 물건마다 개성이 있고 특성이 있듯, 사람 역시 독특한 정체성과 가치를 지닌 존재이기 때문이다. 그러나 과도한 자의식과 자기 과장은 결국 시장 질서에 위배 되고, 사회 질서를 흐리게 만든다. 이런 맥락에서 어릴 적 읽었던 이솝우화 한 편이 문득 떠오른다. "따뜻한 봄날, 개구리들이 연못가에서 놀고 있을 때였다. 멀리서 풀을 뜯는 거대한 황소 한 마리가 나타났다. 어린 개구리는 놀라서 엄마 개구리에게 달려갔다. '엄마, 엄마! 오늘 산보다도 더 큰 동물을 봤어요!' 그러자 엄마 개구리는 자신도 그만큼 커질 수 있다며 배를 부풀리기 시작했다. '자, 이만큼? 더?' 배를 점점 부풀리던 엄마 개구리는 결국 큰 소리를 내며 터지고 말았다." 이 이야기는 자신의 한계를 무시하고, 남과 비교하며 허황된 욕망에 사로잡히는 위험성을 잘 보여준다. 우리 사회에도 자신의 위치나 능력을 과대평가하는 이들이 적지 않다. 평범하게 살던 사람이 권력이나 지위를 얻은 뒤, 자신의 '몸값'을 지나치게 높이는 경우가 많다. 그러나 시장은 개인의 자의적인 기준에 의해 움직이지 않는다. 사회는 그런 사람들의 태도에서 점점 인간미를 잃어가는 모습을 지켜본다. '나 아니면 안 된다.'는 독선적인 마음은 결국 자신의 한계를 드러낼 뿐이다.

상품의 가치는 소비자의 수요에 의해 결정되는 시장 원리를 이해하는 것이 중요하다. 갑자기 부여된 직위나 권한이 곧 능력을 뜻하지 않는다. 그것은 단지 '권력'일 뿐이다. '권불십년(權不十年)', 권력은 영원하지 않다. 권력이든 돈이든, 명예든 영원한 것은 없다는 것을 기억해야 한다. 힘을 얻었을 때는 나눔을, 높은 자리에 섰을 때는 겸손을 배워야 한다. 자신의 진정한 값어치는 스스로 정하는 것이 아니라, 시장과 사회가 평가하는 것이다.

순리대로 산다는 것은 억지로 자신을 과장하지 않고, 자연스러운 흐름 속에서 조화를 이루며 살아가는 태도이다. 오늘날 우리 사회는 다시 한 번 이 개구리 우화를 깊이 되새겨야 한다.

진정한 가치는 겉모습이 아닌 본질에 있으며, 사회와 조화를 이루는 삶의 자세 속에 숨겨져 있다는 사실을 잊지 말아야 한다.

60. 말이 닿는 거리에 마음이 머문다.

　복잡하고 다난한 세상을 사는 우리는 혼자 살아가는 것이 아니라 타인과 관계를 맺으며 많은영향을 주고받고, 함께 살아간다.

　그렇다고 모든 관계가 따뜻하고 유익한 것은 아니며, 때로는 마음을 지치게 하고 감정을 소모하게 만드는 관계도 분명 존재한다. 그래서일까. 미니멀 라이프를 강조하는 생활 속에서 요즘은 "인간관계에도 거리 두기가 필요하다."는 말에 고개를 끄덕이게 된다. 마음의 평화를 지키고 불필요한 감정의 소모를 줄이기 위해, '관계를 정리할 줄 아는 용기'가 필요한 시대임이 맞는 것 같기도 하다.

　관계의 출발점과 종착점은 '말'이다. 말은 단순한 소통 수단을 넘어 그 사람의 인격과 삶의 태도, 나아가 내면의 세계를 고스란히 담고 있는 그릇이다. 말의 온도와 표현의 결은 곧 그 사람의 정신과 삶의 질감을 드러낸다. 그래서 우리는 누군가와 마주했을 때, 그가 어떤 이야기를 하는지, 누구를 어떻게 말하는지, 어떤 시선으로 세상을 바라보는지를 조심스럽게 귀 기울일 필요가 있다. 말은 그 사람의 마음을 비추는 거울과 같기 때문이다. 하지만 안타깝게도, 누군가를 깎아내리는 말로 자신을 세우려는 사람도 있다. 끊임없이 남을 험담하고, 시기와 질투로 말의 끝을 흐리는 사람들. 처음엔 그저 가볍게 흘려들을 수 있지만, 반복될수록 말은 차가워지고 관계는 서서히 금이 가기 시작한다. 특히 "너를 위해 하는 말이야."라는 친절한 포장을 씌운 말 속에 비수를 숨기는 경우, 그 파괴력은 더욱 크게 다가온다.

이런 말들 사이에 오래 머물다 보면, 어느새 나도 모르게 불필요한 갈등의 중심에 서 있게 된다. 우리는 강자에게는 고개를 숙이고, 약자에게는 목소리를 높이는 언행을 경계해야 한다.

모든 사람을 자기 잣대로 재고 줄 세우려는 태도, 공감보다는 판단이 앞서는 말은 결국 주변 사람들의 마음을 지치게 만든다. 그뿐만 아니라, 말과 행동이 일치하지 않는 사람, 상황에 따라 말을 바꾸고 사람마다 다른 이야기를 하는 사람은 결국 신뢰를 잃게 된다.

책임을 회피하고 사실을 왜곡하면서도 정작 자신의 잘못엔 눈 감는 모습은 공동체 안에서 갈등을 부추길 뿐이다. "똥 묻은 개가 겨 묻은 개 나무란다."는 속담이 있다.

말이 넘쳐나는 세상일수록, 말의 무게는 더욱 중요해지고, 때로는 말보다 침묵이 더 큰 메시지를 담기도 한다. 그래서인지 건강한 거리 두기는 무관심이 아니라, 나를 지키는 성숙한 방식이 될 수 있다. 더 나아가 필요하다면 '손절'이라는 결단도 필요할 것이다. 그러나 누구를 손절하기에 앞서, 꼭 필요한 것이 하나 있다. 바로 자기 성찰이다.

우리는 나 역시 누군가에게 상처를 주는 말을 하고 있지는 않았는지, 내 기준만을 앞세워 타인의 입장을 외면하지는 않았는지 한 번쯤 돌아볼 필요가 있다. 진심 없는 말로 관계를 이어가고 있지는 않았는지, 나의 말이 누군가에게 무거운 짐이 되지는 않았는지도 돌아보아야 한다. 성찰 없는 손절은 또 다른 갈등을 만들 뿐이고, 결국 같은 실수를 반복하게 된다.

관계는 곧 거울이라 표현할 수 있다. 그리고 그 거울 속의 내가 부끄럽지 않으려면, 우리는 말의 책임을 좀 더 무겁게 느껴야 한다. 누군가를 깎아내리는 말보다, 이해와 배려가 담긴 말이 이 시대에는 훨씬 절실하게 여겨진다. 그리고 무엇보다, 수많은 말의 소음 속에서도 자신을 잃지 않고 적당한 거리를 유지할 줄 아는 지혜. 그것이 바로 오늘 우리가 사람과 사람 사이에서 지켜야 할 가장 중요한 '관계의 원칙성'이 아닐까 생각된다.

마스크와 가면의 경계

초판 1쇄 인쇄 / 2025년 11월 7일
초판 1쇄 발행 / 2025년 11월 14일

저자	강준의
발행처	형설출판사
	경기도 파주시 회동길 37-23 · 전화 (031) 955-2361~4 · 팩시밀리 (031) 955-2341
발행인	장진혁
등록	라 - 제9호 · 1962년 5월 1일
홈페이지	http://www.hyungseul.co.kr
e-mail	hs@hyungseul.co.kr

정가 15,000원

ISBN 978-89-472-8812-5 03190